A

Premier Caier de la gramaire Algonquine.

ce caier est relie..

Grammaire Algonquine

ou des Sauvages de l'Amerique septentrionalle
avec la Description du Pays, journaux
de voyages, Memoires, Remarques sur l'histoire
naturelle &c. . &c

Composé à ce qu'il paroit en 1672. 1673. 1674.

Par Louis Nicolas Prêtre Missionnaire
natif de la ville d'Aubenas en Languedoc

Grammaire

De la ~~langue Algonquine ou de la Langue~~ Des Sauvages De l'Amerique Semptentrionalle.

qui est entendue dans les paie De plus De [redacted] cents Lieues, ou sont donnés Tous les preceptes pour scavoir cette langue parfaitement.

On a mis a la fin de cette grammaire un petit supplement de l'histoire du pays, on La Trouuera pesle et mele dans un Traité de la mesme langue qu'on a nommé lieux Communs ou l'on aprand a descouvrir de tous les arts du Trafic et de la police des Sauvages.

~~Le tout mis~~ Composé par

P M L. N

4 bis

+ premier Caier

23

GRAMMAIRE

DE LA LANGUE DES ~~AL~~GONQUINS

Ameriquains septentrionaux qui s'entendre le long d'une plus de 1500 lieues de terre ~~peuples septentrionaux de l'Amerique~~, presentée a Monseign-eur ~~le Dauphin par le~~ [redacted] L N [redacted] missionnaire auec deux dictionaires fort amples, l'un qui commence par le francois, et l'autre par le mot sauuage, en forme de racines, a la fin duquel on trouuera un catechisme ~~bien au long~~ complet, toutes les prieres, auec quelques hymnes spirituels sur diuers chants de l'eglise, diuers discours instructifs, le tout tourné en nostre langue mot a mot, on trouuera par les soins de l'A... ~~enfin apres tous ces ouvrages~~ la topographie [redacted] de tout le nouueau monde septentrional ou l'on uerra trois ou quatre lacs de trois ou quatre cent lieues de circuit chacun, un de 700 lieues de tour et un autre de [redacted] 1400 situes dans le pays proposé [redacted], [redacted] ... auec une infinité de riuieres, de lacs, de marets, et des tours, et de retours de forests ~~immenses~~ ... tout plus de 8000 lieues de circuits, a cella est adioutée l'histoire naturelle des simples, des arbres, des fruicts, des oiseaux, des poissons, et des animaux, auec un autre ~~troisieme~~ ouvrage qui discourt des guerres, de la police, des moeurs, de la religion, des sacrifices des ~~sauuages~~, des maladies, des remedes et diuisé en 24 liures; ces 3 derniers ouvrages sont ~~en~~ ... en francois ~~pour contenter ceux qui ne voudront pas s'attacher a la langue des sauuages~~

+ de la mort, des festes, des repas, ~~des~~ ... que font les sauuages, de la guerre

~~Je diuise~~ la grammaire est diuisée en 4 parties.

La premiere ~~...~~ presente les declinaisons et les coniugaisons sans aucunes regles

La seconde ~~...~~ met aiour toutes les regles d'une parfaite grammaire.

La troisieme ~~...~~ offre les concordances, la syntaxe et l'œconomie de toute la langue.

La quatrieme ~~...~~ propose les aduerbes, les prepositions, les coniunctions, les interiections et les particules en francais et en sauuage. il plait a Monseigneur

c'est auec bien de la passion q. ~~je~~ souhaitte qu'auec ces 4 parties de la grammaire, qui sont comme autant de belles fontaines on puisse puiser la science des sauuages pour courir dans tous les coins de l'Amerique septentrionale pour y establir le commerce auec les Barbares, et leur prescher en mesme temps la connoissance du vray dieu et de J. C. son fils.

AENVIVARS

3

Preface ~~sur la langue des sauvages Ameriquains septentrionaux dits les Algonquins~~ Indy

Estant arrivé de l'ancienne france dans la ~~Nouvelle~~ je m'estois persuadé qu'en quittant toute la delicatesse des grecs, l'eloquance des Latins, la gravité des espagnols, la gentilesse des Italiens, et la politesse des francais: j'avois dit adieu a toutes les belles sciences, et qu'il ne me falloit desormais plus penser qu'a m'atacher a une langue la plus barbare du monde, et qu'au lieu d'estre parmi des gens policés dans nostre Europe, je devois desormais ~~[illegible]~~ converser avec des nations qui n'avoient rien d'humain, et qui n'estoint point retenües par aucunes loys, ny divines ny humaines. il est vray que je n'ay pas esté surpris dans mon attente touchant l'humeur des Barbares; mais il faut que j'avoue que j'ay esté dans le dernier estonnement, lorsqu'apres une estude recherchée de plusieurs années, j'ay descouvert tous les secrets d'une des plus belles langues de ~~l'univers~~.

Je me suis fait enfant avec les enfans, j'ay couru les bois avec les sauvages, j'ay escouté, j'ay begayé, j'ay beu la poussiere des cabanes, j'ay escrit, et rescrit bien des fois les mesmes mots et ~~periodes~~ (Lyrcrement) que j'entendois dans les discours des ~~[illegible]~~ sauvages; je les ay fait dire et redire fort souvant les mesmes phrazes pour les pouvoir apprendre et pour les scavoir au vray, j'ay corrigé ~~[illegible]~~ bien ~~[illegible]~~ des fois mot par mot tous mes papiers, et toutes mes remarques avec un dyppais ~~sauvage~~ avengle qui depuis vint et cinq ans estoit instruit a enseigner

atif ~~[illegible]~~ ceux qui vouloint apprendre sa langue ~~[illegible]~~: il estoit si versé en ce mestier qu'il estoit devenu un estrange censeur ne laissant pas passer la moindre syllabe, ny aucune lettre qu'il ne reprit, ce qu'il ne dit le propre mot ~~[illegible]~~, il n'avoit mesme nulle patiance qu'il ne l'eust fait escrire a son escolier. | Massinahar nikakis | me disoit il toutes les fois que je manquois. | escris — — mon frere | afin que tu dises bien une autre fois.

J'ay faict gloire d'estre un de ces plus assidues, et de ses plus importuns escoliers pour me rendre au plustost habille en sa langue, je voulois scavoir ~~[illegible]~~

Ce sauvage qui s'appelloit pierre chigak, tres bon catholique, estoit devenu si bon grammerien ~~[illegible]~~ qu'il scavoit l'art ~~[illegible]~~ d'enseigner ~~[illegible]~~ la grammaire, il declinoit, il conjugoit, et il composoit si bien une langue, lorsque quelqu'un vouloit estre son secretaire, ~~[illegible]~~ il prenoit un singulier plaisir a dicter quelques belles choses ~~[illegible]~~ dont je n'ay pas peu profité et dont je pretens faire part au public ~~[illegible]~~ dans mes recueils

Au reste il estoit si clair dans ses lessons qu'on ne pouvoit plus douter de ce qu'une fois on avoit apris sous un tel maistre ~~[illegible]~~ ~~[illegible] a perfection nostre langue francoise quoy qu'il la parlat [illegible]~~ bien ~~de craindre~~ de prendre le change qu'il entendoit parfaitement notre langue

5

— 1 —

q si a cette puissante [illegible] on se seroit adiousté un travail opiniastre de plusieurs années à recherchér de tous costés les remarques et les esprits et toutes les difficultés q plusieurs très scavans Missionaires avoint mis sur le papier, avec toute la netteté et toute la science possible [illegible]

[illegible] langue sauvage qui enfin [illegible] comme [illegible]

dans la grammaire, on pourra dire qu'on a tous les secrets de la langue que je propose.

Je penserois de faire une bien grande faute et de ferois sans doute tort à tous ces braves Missionaires si je ne leur donnois pas la gloire de cet ouvrage; pour moy de n'y contribue en rien qu'à confirmer leur capacité et à coucher par escrit leurs travaux; il est bien vray q de mon costé j'ay fait ce q j'ay dit et ce par mes soins Dieu m'a fait la grace d'apprendre tout ce que ces incomparables maistres m'ont enseigné.

Le premier Autheur et à qui il semble qu'un Ange ait donné les preuves de nostre langue a esté cet illustre le pere paul le Jeune Jesuiste de la province de france. les peres de quain, et autres de la mesme province y ont adiousté beaucoup par leur estude particulier. le pere Gabriel druillettes ce brave et ce fameux Missionaire Jesuiste de la province de Tolose et le Maistre de tous les nouveaux venus depuis 30 ans dans le Canada l'a emporté par dessus tous par les belles remarques et les beaux et scavans ouvrages (q j'ay en main) et qu'il a composés en cette langue, et le talent tout particulier q Dieu luy a donné pour aprendre les langues barbares; ce pere, dis-je, merite bien d'estre mis icy sur la liste, et d'y tenir la premiere place. ces escoliers qui sont devenus Maistres ne seront pas faschés q je leur donne la seconde. les peres Albanel cet infatigable Missionaire du nort, le pere Aloës cet Apostre des nations du couchant, avec le pere henry nouvel cet excellent ouvrier de l'evangille ces 3 peres Jesuistes de la province de Tolose, n'ont pa peu contribué à la parfaite connoissance de nostre langue Algonquine. les Reverends peres Claude d'ablon tres digne superieur general de toutes les Missions de la nouvelle france, Jacques fremin, Julien garnié tous trois Jesuistes de la province de france grands Missionaires ont aussi par leurs soins cooperé beaucoup à l'ouvrage dont je fais seulement estat d'estre un fidelle copiste et le moindre de tous les escoliers. le R. p. pierre Bailloquet ce scavant Missionaire Jesuiste de la province de Bordeaux ne s'est pas espargné pour descouvrir plusieurs belles gentillesses et difficultés durant plus de 20 ans qu'il a couru dans nos forests avec les Sauvages; et je puis dire q c'est un de ceux qui a le plus bien remarqué les subtilités de la langue, et que c'est de luy dont j'ay eu des belles choses q j'espere de bien placer en son rang.

Mais sans [illegible] davantage passons à mon propos et trouvez ce q j'ay dit de cette langue [illegible] il faut scavoir q si les mœurs et la vie des habitans des forests des Indes sont sauvages leur langue n'est pourtant point barbare et q si la brutalité des [illegible] naist de cette fatale liberté de la nature [illegible], leur maniere de parler de coule du rayon de la divine intelligence qu'elle fait briller dans leurs ames, et q passant par les organes de tout le corps il nous fait entendre [illegible] les diverses pensées [illegible] de leurs esprits.

De sorte quil me semble quil ne faut pas suivre l'opignon du vulgaire qui ne pouvant pas scavoir toutes les langues s'attache seulement a louer celles quil n'ignore pas, et traite de barbares celles quil n'entend pas et dont il ne peut pas découvrir le fin.

Non non seulement, ce ne seroit pas trop inpression ne metoit que la difference entre les facons de vivre des barbares et entre leur maniere de parler; il faut [illegible] discerner, [illegible] bien de la difference [illegible] l'un et l'autre, et il ne faut a mon avis pas dire d'abort qu'une chose est barbare parce l'on l'ignore.

Je suis seur que ceux qui prendront la paine de s'attacher a nostre langue [illegible] ne la nommeront pas barbare mais quils admireront qu'une nation aussi brutale et [aussi] farouche que le sont les sauvages, uzent d'un langage si recherché comme ils descouvriront dans tous les secrets de [cette] grammaire.

il semble que cet ouvrage apartient plustost a la philosophie qu'a la grammaire, et l'on peut [dire] quasi effectivement c'est le travail de quelque grande intelligence; puisqu'on ne peut pas aisement comprendre que des hommes qui n'ont aucune escriture, et nulle education ayent peu rien contribuer a une chose si merveilleuse, et a un langage aussi noble et aussi poly que j'ay fait voir dans l'endroit que j'ay cité un peu auparavant.

Mais enfin apres tout quelqu'un me pourra dire quil a bien de la paine a ce persuader ces veritez de dire, et que s'il m'accorde que le langage des [illegible] [indiens] n'est du tout point barbare il me contraindra du moins de luy advouer quil n'est pas incapable quil n'y ait quelque chose de bien rude dans la prononciation de tant de mots si esloignés de la signification des nostres. A cela je diray fort franchement que ce langage paroit d'abort rude, inculte, et [illegible] mais aussi je le prie de prendre garde que ce mesme langage qui luy paroistra [illegible] d'abort extremement rude ne l'est point du tout quand on a l'oreille acoustumée a ces mots estrangers, et quil y a un singulier plaisir de l'entendre de la bouche d'un naturel qui le prononce aussi delicatement que nos francois leur langue lorsquils discourent [illegible] avec agrément et quil semble meme couler aussi delicatement que le plus fin florentin dans la bouche d'un habitant et d'un natif de cette ville, ou l'on parle le mieux de toute l'Italie. [Lorsque quelques uns] Avec neanmoins cette difference que les barbares pour si beaux diseurs quils soint, n'ont pas n'y le talent, n'y le genie, n'y si vous aymés mieux l'adresse [illegible] d'enseigner une langue quils scavent en perfection, et dont ils uzent eloquemment et meme en orateurs: de maniere que dans le pays on les appelle les beaux diseurs [Kanitaciarimitagousitchik] les orateurs, et ceux qui scavent parler. ce sont eux qui discourent dans les conseils avec tant de force, [tant] de gravité, [tant] d'eloquence, et tant d'energie, quils persuadent tout ce quils veulent a leurs auditeurs, sans pouvoir les obliger a faire ce dont ils les ont convaincus: car chacun en fait a sa teste ce qui luy plait.

Comme aussi vous ferés [illegible] de cet ouvrage que je vous propose en le lisant, ou ne le lisant pas, tout comme il vous plaira: car enfin en ce temps les volontés sont libres: aussi bien que de le faire de suivre ou de ne suivre pas avec tant de paine un travail si fascheux, qui ne laissera pas d'estre admiré des curieux, et des scavans, et d'estre fort utile a ceux qui voudront aller au commerce, ou a la conqueste des ames [illegible] pour ce sujet je leur presente icy une grammaire tres ample, un dictionaire aussi exacte qu'on le puisse, [illegible] des facons de parler des sauvages qui habitent une coste de plus de 600 lieues de long. ils trouveront toutes les racines, et tous les derivés de chaque mot de la langue dans un autre dictionaire fort ample; tout le catechisme avec tous les mysteres de nostre [illegible] religion, plusieurs discours spirituels dressés selon le genie [illegible] des barbares, toutes les prieres, plusieurs hymnes spirituels sur les airs de l'eglise: et en un mot ils trouveront tous les termes de l'art de ce pays la, et quantité de belles locutions dans un traité des particules, le tout tourné mot a mot en nostre langue francoise, pour la satisfaction de ceux qui voudront scavoir le fin de tout ce beau, [tout secret] et merveilleux langage.

~~voila le present [illegible]~~

v. t. h. t. o. s. [illegible]

~~[illegible]~~

par Louys Nicolas . p. missionaire

7

1

Avis

~~Avis au lecteur~~

~~Mon cher lecteur~~

~~[illegible]~~ si vous voulés vous rendre habille dans cette ~~[illegible]~~ langue ~~[illegible]~~, je vous conseille ~~[illegible]~~ de vous attacher a aprendre beaucoup de mots par cœur, de les dire, et redire souvant, d'aprendre ~~[illegible]~~ les exemples que je ~~[illegible]~~ mets tout au long ~~[illegible]~~ Lizés et relizés a la bonheure toutes les regles ~~[illegible]~~ mais ne vous y attachés pas si fortement d'abort, cela vous pourroit peut estre un ~~peu~~ rebuter, ~~[illegible]~~ ~~[illegible]~~ Croyés moy ~~suivés le grand chemin, et~~ faites comme ceux qui aprennent le latin, ~~[illegible]~~ ou les autres langues qui vous sont inconnues, ils suivent la methode que je vous donne icy. si vous le faisés autrement vous tomberiés dans le mesme inconvenient ou se sont trouvés plusieurs bons esprits, doctes mesme ~~[illegible]~~ qui voulant penetrer d'abort tous les secrets de ~~[illegible]~~ langue estrangere avec une je ne scay quelle certaine opiniastreté; ou peut estre bonne opinion d'eux mesmes n'ont pas pu venir aussi loin que ceux qui ~~[illegible]~~ se sont laissés conduire ~~[illegible]~~ dans le chemin commun que je vous montre, avec encore ce petit avertissement qui vous facilitera beaucoup l'entrée dans la langue ~~[illegible]~~ que je veux vous apprandre Je vous mets donc icy devant toutes choses les paradigmes que vous devés aprandre, qui vous serviront d'autant de modeles que vous prendrés, ou decliner des noms ou coniuger des verbes, dont je vous propose icy une liste de toutes les facons ~~[illegible]~~ afin que vous sachiés les differentes **Coniugaisons** aux quelles chaque verbe se raporte selon son espece.

Noms des Verbes qui se raportent a la premiere Coniugaison I

I Tous les verbes neutres en general.
les verbes neutres actifs et passifs.
les verbes ignobles actifs et passifs + pluriels. de singuliers
les verbes anomeaux
les verbes impersonels de la voix active.
les verbes effectifs ignobles
les verbes actifs ignobles derivés
les verbes neutres actif indefinis
les verbes neutres instrumentels
les verbes ignobles actifs instrumentels.
les verbes neutres d'habitude
les verbes neutres terminés en [dis]
les verbes mutuels
les verbes neutres frequantatifs
les verbes neutres affirmatifs
les verbes neutres subauditifs
les verbes neutres diminutifs
les verbes neutres possessifs.
les verbes neutres actifs defectifs
les verbes neutres passifs defectifs
les verbes medium
les verbes substantifs nobles en voyelle
les verbes substantifs nobles en consonante.
les verbes reflexifs. sur soy mesme
les verbes substantifs nobles formés du substantif ignobles en voyelle
les verbes substantifs nobles finis en consonante formés du substantif ignobles finy en consonante.
les verbes finis en [Kas]

Noms des verbes qui se reduizent a la seconde Coniugaison.

Tous les nobles actif de quelle terminaison qu'ils soint
nobles actifs effectifs
nobles actifs primitifs
nobles actifs aquisitif
nobles actifs lieutenans
nobles actifs finis en imar
nobles actifs instrumentels
nobles actifs affirmatifs
nobles actifs diminutif
nobles actifs subauditifs
et tous autres nobles actifs dont on trouvera les noms dans le traité des verbes et la regle qui marque la Coniugaison a laquelle chaque verbe se raporte. J'ay bien voulu nommer icy quoy qu'ils soint tous marqués en leurs places pour faire scavoir de combien de facons de verbes vous avons qui sont tous o en nombre

Noms des verbes qui se coniugent comme le verbe noble passif qui fait la troisieme Coniugaison.

tous les nobles passifs
effectifs
primitifs
aquisitifs
lieutenans
nobles passifs finis en ric
nobles passifs instrumentels
affirmatifs
diminutifs
subauditifs.

Voyés tous les impersonnels ils sont en grand nombre sont tous marqués dans la grammaire et dans les regles je seroit trop long de les marquer icy il y en a de plus de 20 facons.

verbes en tout 70
les verbes composés 70

om nobles
ut dire et se
porte aux
s qui signifi
les choses
uantes ou de
sideration
my les
uages.
om ignobles
choses qui
ont point de
ie ou de peu
e considération.

uerbes nobles
t comme les
oms nobles

signo
me les
nobles.

Premiere partie de l'ouurage

PREMIERE DECLINAISON

Des noms Nobles terminés en voyelles, et consonantes. Les exemples suivants serviront de modele pour tous les autres noms qu'on voudra decliner, le dictionaire aprendra tous les mots qui sont d'usage ches les ~~Algonquins~~ Indiens.

Des noms nobles terminés en +

Noms nobles terminés en voyelles.

Nominatif		Nominatif	
S. Ounkima	Capitaine	S. Amik	Castor.
v. Ounkim	ô Capitaine	v. amiké (n'est pas en usage)	ô castor.
Nominatif		Nominatif	
p. Ounkimak	Capitaines	p. Amikouek	Castors.
v. Ounkimátik	ô capitaines	v. Amikouitik	ô Castors.
N. s. NAPÉ	Male	N. s. Arim	chien.
v. nap	ô Male	v. Arime (n'est pas en usage)	ô chien.
N. p. napek	Males	N. p. Arimouek	Chiens.
v. napetik	ô Males	v. Arimouitik	ô chiens.
N. s. IVINI	home	N. s. Aouakan	esclave.
v. irin	ô homme	v. Aouakané	ô esclave.
N. p. irinioüek	hommes	N. p. Aouakanak	esclaves.
v. irinitik	ô hommes	v. Aouakanitik	ô esclaves.
N. s. Manitou	genie, esprit ou chef de considération	N. s. Amikouns	petit castor.
v. Manit	ô genie	v. Amikounsé	ô petit castor.
N. p. Manitouek	genies, esprits	N. p. Amikounsak	petits Castors.
v. Manitoutik	ô genies	v. Amikounsitik	ô petits Castors

Noms Nobles terminés en consonantes +

Voyés La seconde Declinaison a l'autre page

SECONDE

Declinaison Des Noms ignobles, Terminés en Voyelles, et [des mêmes noms terminés en] Consonantes les exemples suivans serviront de Modele pour tous [les] autres noms quon voudra decliner [et] le dictionaire enseignera tous les mots qui sont D'uzage ~~chez les François~~.

Le vocatif singulier, et [duquatif] pluriel ne sont point en uzage dans cette Declinaison comme lon va remarquer.

Nominatif

S. Iskouré . . . feu.
V. nést pas en uzage . o feu.
N. p. Iskouter . . . feus.
V. nést pas en uzage.

N. S. Ouakoui . . . Ciel.
V. nést pas en uzage
N. p. Ouakouir . . . Cieux.
V. nést pas en uzage.

Noms ignobles Terminés en voyelles

Nominatif

S. Mitik . . . du bois.
V. nést pas en uzage.
N. p. mitikour . . . des bois.
V. nést pas en uzage.

N. S. Mokman . . . Couteau.
V. nést pas en uzage.
N. p. mokmaner . . . Couteaux
V. nést pas en uzage.

Nominatif S.
Ouakakouat . . . hache.
V. nést pas en uzage
N. p. ouakakouatour . . haches.
V. nést pas en uzage.

Noms ignobles Terminés en consonates

PREMIERE

Declinaison des pronoms possessifs Nobles Terminés en Voyelles.

N.s. ni=pire=m. {ma } perdrix.
N.p. ni=pire=mak. {mes } perdrix.

s. ni=pire=m=inan. {nostre } perdrix.
p. ni=pire=m=inanak. {nos } perdrix.

s. Ki=pire=m. {Ta } perdrix.
p. Ki=piru=mak. {Tes } perdrix.

s. Ki=pire=minan. {vostre et nostre } perdrix.
p. Ki=pire=m=inanak {vos et nos } perdrix.

s. ou=pire=mer. {sa propre } perdrix.
p. ou=pire=ma. {les propres } perdrix.

s. ou=pire=mirir {diceluy et diceux } la perdrix.
p. ou=pire=miri {diceluy et diceux } les perdrix.

s. Ki=piré=mioua. {vostre } perdrix.
p. Ki=pire=miouak. {vos } perdrix.

s. Ou=pire=miouar. {leur } perdrix.
p. ou=pire=mioua {leurs } perdrix.

s. ou=pire=mirir {diceluy et diceux } La perdrix.
p. ou=pire=miri. {diceluy et diceux } les perdrix.

SECONDE

declinaison des pronoms possessifs Nobles Terminés en Consonantes.

N.s. nipakouechiganim {mon pain.
N.p. nipakouechiganimak {mes pains.

s. nipakouechiganiminan {nostre pain.
p. nipakouechiganiminanak {nos pains.

s. Kipakouechiganim {ton pain.
p. Kipakouechiganimak. {tes pains.

s. Kipakouechiganiminan {vostre et nostre pain
p. Kipakouechiganiminanak {vos et nos pains.

s. Kipakouechiganimioua {vostre pain.
p. Kipakouechiganimiouak {vos pains.

s. oupakouechiganimiouar {leur pain.
p. oupakouechiganimioua {leurs pains.

s. oupakouechiganimer {son pain.
p. oupakouechiganima {ses pains.

s. oupakouechiganimirir {diceluy et diceux } le pain.
p. oupakouechiganimiri {diceluy et diceux } les pains.

s. oupakouechiganimirir {diceluy et diceux } le pain.
p. oupakouechiganimiri {diceluy et diceux } les pains.

quoyque ces 4 cas soient semblables ils ne laissent pas d'auoir diverses significations comme l'uzage l'apprendra.

+

TROSIEME

Declinaison du pronom possesif ignoble terminé en voyelle. cette declinaison nà pas de pluvier quà paire. Si on le veut former il sera tres facille donnant les mesmes finales quàu pronom ignoble de l'autre colomne.

N. s. ninipim . . . . ma boisson.
nà point de pluvier. car ils ne boivent que de l'eau ou mon eau.
on ne dit pas +

P. ninipiminan nos boissons car ils n'en ont qu'une sorte.

s. Kinipim . . . . . ta boisson.
nà point de pluvier

B. Kinipiminan. vostre et nostre boisson.
on peut à la vérité en faire

p. Kinipimioua . . . Vostre boisson.

s. ounipimer . . . . sa boisson.
nà point de pluvier.

p. Ounipimiouar . . leur boisson.

s. et p. Ounipimirir. {diceluy et diceux} la boisson.

s. et p. ounipimirir {diceluy et diceux} La Boisson.

Autres 2 cas semblables a ces 2 derniers en diverses signifi=cations.

— — — —

QATRIEME

Declinaison du pronom possesif ignoble terminé en consonante cette declinaison a tous les cas comme nous allés voir dans l'exemple suivant.

N. s. nimokman . mon couteau.
p. nimokmaner . mes couteaux.
p. nimokmaninan . nostre couteau.
p. p. nimokmaninaner nos couteaux.
s. Kimokman . . ton couteau.
p. Kimokmaner . . tes couteaux.
B. Kimokmaninan {vostre et nostre} couteau.
D. p. Kimokmaninaner vos et nos couteaux.
p. Kimokmanioua. Vostre couteau.
p. p. Kimokmaniouar. vos couteaux.
s. oumokman . . son couteau.
p. oumokmaner . ses couteaux.
p. oumokmanioua . leur couteau.
p. p. oumokmaniouar leurs couteaux.

s. p. oumokmaniri {diceluy et diceux} le couteau.

s. p. oumokmanirioua {diceluy et diceux} les couteaux.

s. p. oumokmaniri {diceluy et diceux} Le couteau.

s. p. oumokmanirioua {diceluy et diceux} les couteaux.

Verbe Neutre · Simple terminé en voyelle a la 3eme personne du present de l'indicatif qui est la figure 12 ou la letre qui court par toutes les personnes du verbe.

Premiere Coniugaison

I. Indicatif

I. present. S. nitiberindis . . . Je dispose de moy.
Kitiberindis . . . tu disposes de toy.
tiberindis=ou . . . il dispose de soy.

P. nitiberindis=oumin . . nous.
Kitiberindis=oumin . . . nous et nous.
Kitiberindis=oum . . . nous.
tiberindis=ouk . . . ils . .

2. ...ar= S. nitiberindis= ounaban Je disposois de moy
Kitiberindis= ounaban tu.
tiberindis= ouban . il.

P. nitiberindis=ounanaban. nous.
Kitiberindis=ounanaban nous et nous.
Kitiberindis=ounaouaban. nous.
tiberindis=oubanik . . ils.

...ite. S. nitiberindis=outa vel tai. Je disposay de moy.
Kitiberindis=outa vel Tai . . tu.
outiberindis=outa vel Tai . . il

...erit ...it S. nikichtiberindis. I. ostés le plus de la fin de ... iay disposé de moy.
Kikichtiberindis tu.
Kichtiberindis=ou il

P. nikichtiberindis=oumin nous.
Kikichtiberindis=oumin nous et nous.
Kikichtiberindis=oum. Nous.
Kichtiberindis=ouk. ils.

...erit plus ...fait S. nikichtiberindis=outa vel tai. Jauois disposé de moy.
Ki kichtiberindis=outa vel. tai. tu.
oukichtiberindis=outa vel. tai. il.

P. nikichtiberindis=outanan . nous.
Kikichtiberindis=outanan. nous et nous.
Kikichtiberindis=outaoua . nous.
oukichtiberindis=outaoua . ils.

...ir S. nigatiberindis . . . Je disposeray de moy
Kigatiberindis . . . tu.
Katatiberindis=ou . . . il.

P. nigatiberindis=oumin . . nous.
Kigatiberindis=oumin . . nous et nous.
Kigatiberindis=oum . nous.
Katatiberindis=ouk . ils.

. . . . I. Jauois omis le pluriel de l'aoriste il faut le prendre icy.

...luriel ...l'aoriste nitiberindis= outanan nous disposames de nous.
Kitiberindis=outanan. nous et nous.
Kitiberindis=outaoua nous.
outiberindis=outaoua . . ils.

futur Second. S. nigatiberindis=outa vel tai Je disposeray bientost de moy
Kigatiberindis=outa vel tai. tu.
ougatiberindis=outa vel tai. il.

P. nigatiberindis=outanan . nous.
Kigatiberindis=outanan. nous et nous.
Kigatiberindis= outaoua. nous.
ougatiberindis=outaoua. ils.

S. paulo post futur ... S. nigatiberindis=ounaban Je disposerois de moy
Kigatiberindis=ounaban. tu.
Katatiberindis=ouban. il.

P. nigatiberindis=ounanaban. nous.
Kigatiberindis=ounanaban. nous et nous
Kigatiberindis=ounaouaban. Vous
Katatiberindis=oubanik. ils.

S. nigakichtiberindis=ounaban Jeusse ou Jaurois disposé de moy
Kigakichtiberindis=ounaban. tu.
Katakichtiberindis=ouban. il.

paulo post futur second. nigakichtiberindis=ounanaban. nous.
Kigakichtiberindis=ounanaban vous et nous.
Kigakichtiberindis= ounaouaban. nous.
Katatiberindis=oubanik . . ils.

IMPERATIF.

I. present. S. Tiberindis=oun. vel. me. dispose de toy.
Tiberindis= oukitch. quil dispose de soy.
P. Tiberindis= outa. disposons de nous.
Tiberindis=ouk . . disposez de nous.
Tiberindis=oukiouatch. quils disposent deux.

2. paulo post futur S. tiberindis=oukan dispose de toy bientost.
tiberindis=oukitch. quil &c.
P. Tiberindis=oukang. vel. or. disposons de nous bientost
tiberindis=oukeg . . vel. or. disposez &c.
Tiberindis=oukiouatch. quils &c.

SUBIONCTIF

Subiunctif

1\. Premier present. S. Tiberindisóu=An. vel. ian. - - si Je dispose de moy.
tiberindisou=n . . . vel. en. vel. ien . . . si tu disposes de toy.
tiberindisou=tch . . . vel. ir . . . s'il dispose de soy.
P. tiberindisóu=ang. vel. vel. hir . . . si nous.
tiberindisou=no . . . vel. our . . . si nous et nous.
tiberindisóu=eg . . . vel. ieg. vel. our . . . si nous.
tiberindisouz atch . . . vel. ik . . . s'ils.

Kichtiberindisóu = comme ainsi soit que Je dispose de moy. ou quand J'auray disposé de moy

2\. Second present quand la chose est en doute esloignée ou absante. S. tiberindisou=ánin . . . si Je dispose de moy.
tiberindisou=ánin . . . si tu.
tiberindisou=gouin . . . s'il.
tiberindisou=Anghin . . . si nous.
P. tiberindisou=angouin . . . si nous et nous.
tiberindisou=égouin . . . si nous.
tiberindisou=gouánik. vel. agouénik . . . s'ils.

3\. Preterit imparfait. S. Tiberindisou=Ánban vel. iánban . . . si Je disposois de moy.
Tiberindisou=énban. vel. iénban . . . si tu.
Tiberindisou=ban . . . s'il.
P. tiberindisou= anghiban. vel. iangiban . . . si nous.
tiberindisou= Angouban. vel. iangouban . . . si nous et nous.
Tiberindisou= egouban . vel. iegouban . . . si nous.
Tiberindisou=bánik . . . s'ils.

4\. Premier plus q'parfait. S. Tiberindisou=Ánzen. vel. iánzen . . . si J'eusse ou si J'auois disposé de moy.
Tiberindisou = énzen. vel. iénzen . . . si tu.
Tiberindisóu=zen . . . s'il.
P. Tiberindisou=Anghizen vel. ianghizen . . . si nous.
Tiberindisou=Angouzen. vel. iangouzin . . . si nous et nous.
Tiberindisou= egouzen . vel. iegouzen . . . si nous.
Tiberindisou=ouázen . vel. ouazénik . . . s'ils.

Kich=tiberindisouiánzen quand J'aurois disposé de moy

5\. Second plus q'parfait quand la chose est en doute esloignée ou absante. S. Tiberindisou=Anbánin. vel. ianbánin . . . si J'eusse ou si J'auois disposé de moy.
Tiberindisou=ouanbánin . . . si tu.
Tiberindisoubánin . . . s'il.
P. Tiberindisou=ouanghibánin . . . si nous.
Tiberindisou=ouangoubánin . . . si nous et nous.
Tiberindisou = ouegoubánin . . . si nous.
Tiberindisou=ouagoubánin. vel. ik . . . s'ils.

1 ni= tiberind . . . . Je dispose . . . . .
2 Ki= . . . . tu . . . . .
3 I tiberindam . . . il . . . . .

[margin: present]

1 ni= tiberindam=in . . nous . . . .
D Ki= . . . . nous et nous . .
2 ki= tiberindam . . . . nous . . . . .
3 I tiberindam=ouk . . ils . . . . .

1 ni= tiberindanaban . . ié disposois . .
2 Ki= . . . . tu . . . . .
3 I tiberindam=ouban . il . . . . . .

[margin: parfait]

1 ni= tiberindananában . . nous . . . .
D Ki= . . . . nous et nous . .
2 ki= tiberindanaouában . nous . . . . .
3 I tiberindam=oubanik . ils . . . . . .

1 ni= tiberind=aita . . Je disposay . .
2 Ki= . . . . tu . . . . .
3 I Outiberind=aita . . il . . . . . .

[margin: -ista]

1 ni= tiberind=aitanan . . nous . . . .
D Ki= . . . . nous et nous . .
2 Ki= tiberind=aitaoua . . nous . . . . .
3 I Outiberind=aitaoua . ils . . . . . .

J'ay dit ailleurs que l'indicatif des verbes n'a que 3 temps distinqués l'un de l'autre, et que tous les autres sont semblables pour les finales, et qu'on n'adioute que quelq particules a certains temps comme l'on peut voir à l'exemple precedent. J'ay bien voulu donner tout au long pour n'estre pas obligé de tant escrire; cela estant suffisant pour faire comprendre ce q' J'explique icy. formes donc tous les temps de l'indicatif des 3 qui sont differens q' Je marqueray tout au long dans chaque differance de verbe . . . La particule Kich . nous servira pour les temps semblables a ceux a qui Je l'ay mise dans l'autre verbe — la particule . ga . nous distinguera les temps ou elle doit estre appliqué le . Kata . ou bien le ouga nous donneront aussi les mesme connoissances . . . .

Vous distinguerés a mon avis assés par les separations q' J'ay mis par exemple entre ni= tiberind, et Ki=tiberind, Je l'ay fait pour deux raisons la premiere pour vous faire distinguer la differance des personnes q' Je marque aussi avec des chiffres . le . D . voudra dire la personne du duel . nous et nous v.g. — le un de chiffre signifiera la premiere personne le 2 . la seconde le 3 la troisieme. La signification françoise vous marquera assés le temps et le moeuf du verbe qui sera proposé pour exemple. Je . tu . il . nous . nous et nous . nous . ils . vous feront bien discerner l'application du mot sauvage qui respont a toutes ces personnes . J'ay bien voulu vous donner icy cet avis general pour vous faciliter ce qui vous auroit peut estre donné bien de la paine aussi bien qu'a moy qui avec ce petit avis facile qui vous sert comme d'une clef, et m'espargne bien aussi beaucoup de paines, et diminue mesme de beaucoup le volume de ma grammaire et ne laissera pas de vous plaire des q' vous aurés un peu raminé cet avis; aussi bien que l'autre q' Je pretens de vous donner dans le subiunctif Voicy cependant tout au long

L'IMPERATIF

Present 2 Tiberind=air . dispose
3 Tiberind=amoukitch qu'il dispose

1 tiberindam=ta . . disposons . .
2 tiberindam=ouk . . disposés . .
3 tiberindam=oukiouatch . qu'ils disposent .

[margin: paulo post futur .] 1 tiberindam=oukan . dispose bientost .
2 tiberindam=oukitch . qu'il &.

1 tiberindam=oukang . vel . ov . disposons &.
2 tiberindam=oukeg . vel . ov . disposés &.
3 tiberindamoukiouatch . qu'ils &.

15

†

Aduertissement pour le subiunctif du verbe neutre en Am. ou An. et tous autres subiunctif remarqués q̃ dôresenauant pour abbreger, et couper court, Je ne vous ~~[illegible]~~ mettray qu'un mot, apres lequel vous mettrés les finales, que Je ~~[illegible]~~ marquerayet q̃ de cette maniere, vous aurés toutes les differences des personnes q̃ vous distinguerés facillement par la signification françoise, auec laquelle vous distinguerés aussi assés les Temps et les noms q̃ Je leur ay donné: ainsi il ne sera pas necessaire de les mettre, ny de les marquer dauantage dans aucun autre verbe: si la memoire vous manquoit vous aurés recours au premier verbe, q̃ J'ay couché tout au long; prenes donc lexemple suivant dans lequel vous allés conceuoir parfaitement tout ce q̃ Je vous propose. adioutés apres ce mot. Tiberind toutes les finales q̃ Je vay marquer et vous aurés tout le subiunctif du verbe proposé; et ainsi gardant la mesme methode dans tous autres exemples vous n'aurés pas moins au long tous les mots en les escrivant une seule fois que si Je les escrivois cent fois tout au long si vous voulés.

Subiunctif

I. present	Ier	âman	si Je dispose
		âmen	si tu
		Ang	s'il
		âmang	si nous
		âming	si nous et nous
		âmeg	si vous
		amouakh. vel. ik	s'ils
2. present quand la chose est en doute éloignée ou absante.	2d	âmouânin	si Je dispos
		amouânin	si tu
		amougouin	s'il
		amouanghin	si nous
		amouangouin	si nous et nous
		amoudgouin	si vous
		amougouênik. vel. ouâgouin	s'ils
3. preterit Imparfait	3me Temps	âmênban	si Je disposois
		amânban	si tu
Tiberind		âmôuban. vel. anghiban	s'il
		amanghiban	si nous
		amangouban	si nous et nous
		amegouban	si vous
		amoubânik. vel. Anghibânik	s'ils
4. plus q̃ parfait	Ier	amânzen	si Jeusse ou si J'auois disposé
		amênzen	si tu
		amouzen	s'il
		amanghizen	si nous
		amangoûzen	si nous et nous
		amegoûzen	si vous
		amouâzen	s'ils
5. plus q̃ parfait quand la chose est en doute elognée ou absante.	2d	âmouanbânin	si Jeusse ou si J'auois disposé
		amouanbânin	si tu
		amougoubânin	s'il
		amouanghibânin	si nous
		amouangoubânin	si nous et nous
		amouegoubânin	si vous
		amououagoubânin. vel. bânik	s'ils

remarqués q̃ la syllabe qui est marquée d'une petite barre de droit a gauche comme celle cy / . marque q̃ cette syllabe doit estre prononcée longue v.g. nitiberindisoumin. le petit v ou cette petite marque denote qu'il faut prononcer briévement la syllabe qui en sera marquée v.g. Tiberindâman.

+

VERBe neutre terminé en chin ou in impur c'est à dire que consonance precede chin ou in.

	Ni / Ki tagöchin	j'arrive	
	Ki tagöchin	tu	
	tagöchin	il	
[pr]esent	ni / ki tagöchin = imin	nous	1er present
	ki tagöchin = imin	vous et nous	
	ki = tagöchin = im	vous	
	tagöchin = ouk	ils	
	ni = / ki = tagöchin = inában	j'arrivois	
	ki = tagöchin = inában	tu	
	tagöchin — oúban	il	
parfait	ni = / ki = tagöchin = inanában	nous	2d present quand la chose est en doute eloignée ou absente
	ki = tagöchin = inanában	vous et nous	
	ki = tagöchin = inaouában	vous	
	tagöchin = oubanik	ils	
	ni = / ki = tagöchin : ita uel tai	j'arrivay	
	ki = tagöchin : ita uel tai	tu	
[...]ritus	outagöchin = oúta uel ouai	il	present imparfait
	ni = / ki = tagöchin = itánan	nous	
	ki = tagöchin = itánan	vous et nous	
	ki = tagöchin = itaoua	vous	
	outagöchin = outáoua	ils	

IMPERATIF

present	ir	arrive
	oúkitch	qu'il
	ita	arrivons
	ik	arrivés
Tagöchin	oukioüatch	qu'ils
	ikan	arrive bien tost
paulo post futur	oukitch	qu'il
	ikang & or	arrivons
	ikeg et or	arrivés
	oukioüahh	qu'ils

SUBIUNCTIF

	An	si j'arrive
	en	si tu
	g et hir	s'il
	Ang	si nous
	eng	si vous et nous
	eg	si vous
	oüatch et ik	s'ils
2d present quand la chose est en doute eloignée ou absente	ouánin	si j'arrive
	ouánin	si tu
	ougoüin	s'il
	ouanghin	si nous
	ouangoüin	si vous et nous
	ouegoüin	si vous
	ouagoüin et quénik	s'ils
imparfait	anban	si j'arrivois
	enban	si tu
	oúban et ghiban	s'il
	Anghiban	si nous
	Angouban	si vous et nous
	egouban	si vous
	oúban et ghibanik	s'ils
1er plus q parfait	Anzen	si je fusse ou si je fois arrivé
	enzen	si tu
	ouzen et ghizen	s'il
	Anghizen	si nous
	Angoüzen	si vous et nous
	egoüzen	si vous
	ouázen	s'ils
2d plus q parfait quand la chose est en doute eloignée ou absante	ouanbánin	si je fusse ou si je fois arrivé
	ouanbánin	si tu
	ougoubánin	s'il
	ouanghibánin	si nous
	ouangoubánin	si vous et nous
	onegoubánin	si vous
	ouagoubánin	s'ils

VERBE MEDIVM

ce verbe quoy quil soit dela premiere [illegible]gaison a quelq chose de particulier que nous remarquerés dans lexemple suivant q̃ je vous donne tout au long pr nous faire scavoir quil faudra coniuger tous les verbes — medium comme le suivant et nommer les temps comme nous les trouverés marqués. entendés a[t]tes regle des verbes medium qui sont formes des verbes actif finis en a — simble on va

Present	Nitiberimigou	On me gouverne
	Kitibarimigou	on te
	tiberima	on le
	nitiberimigoumin	on nous
	Kitiberimigoumin	on nous gouverne (nous et)
	Kitiberimigoum	On nous (nous)
	tiberimak. uel. aouek.	on les
Imparfait	nitiberimigounában	on me gouvernoit.
	Kitibarimigounában	on te
	tiberimaban	on le
	nitiberimigounanában	on nous
	Kitiberimigounanában	on nous et nous
	Kitiberimigounaouában	on nous
	tiberimabánik	on les
Aoriste	nitiberimigoutai	on ma gouverna
	Kitiberimigoutai	on ta
	tiberimatai	on la
	nitiberimigoutanan	On nous
	Kitiberimigoutanan	on nous et nous
	Kitiberimigoutaoüa	on vous
	tiberimataoüa	on les gouverna
Preterit parfaict	Nikichtiberimigou et le reste comme le present adioutant kich.	on ma gouverné.
preterit plus parfait	nikichtiberimigoutai et le reste comme laoriste	on mavoit gouverné.
Le futur	nigatiberimigou et le reste comme le present aux 3mes personnes faut prepo ser. Kata. v.g. — Katatiberima	on me gouvernera.
paulo post futur	nigatiberimigoutai et le reste comme L'oriste. Kata. aux 3mes personnes	on me gouvernera bientot.
futur imparfait.	nigatiberimigounában et le reste comme limparfait. Kata aux 3mes personnes.	on me gouvernevoit.
futur plus parfait	Nigakichtiberimigounában et le reste comme limparfait. les 3mes personnes ne prenent point. Kata. v.g. kichtiberimaban. et non pas. Katakichtiberi=maban. comme il devoit faire selon La regle generale	on meut ou lon mauroit gouverné

IMPERATE

Present

tiberimigour
quon te gouverne

tiberimakinh
quon le gouverne

tiberimigouta
quon nous gouverne

tiberimigouk
quon nous gouverne

tiberimakioüatch
quon les gouverne

paulo post futur

Tiberimigoukan
quon te gouverne bientot.

tiberimakinh
& ut supra

tiberimigoukang
quon nous gouverne bientot

tiberimigoukeg
quon nous gouverne bientot

Tiberimakioüatch
quon les gouverne Bientot

Subiunctif

present 1er

tiberimigouian	si on me go[uverne]
tiberimigoun. ul. in	si on te
tiberim=intch. et ir.	si on le
tiberimigouiang	si on nous
tiberimigoung	si on nous et
tiberimigouieg	si on nous
tiberimintoua. etchik	si on les

present 2d. quand la ch[ose] est douteuse

tiberimigouánin	si on me gouver[ne]
tiberimigouánin	si on te
tiberim=intin	si on le
tiberimigouánghin	si on nous
tiberimigouangouin	si on nous et no[us]
tiberimigouegouin	si on nous
tiberimintouaouin	si on les

preterit imparfait

tiberimigouiánban	si on me gouver[noit]
tiberimigouiénban	si on te
tiberim=intiban	si on le
tiberimigouianghiban	si on nous
tiberimigouiangoüban	si on nous et no[us]
tiberimigouiegoüban	si on nous
tiberimintouanban	si on les

plus q parfait 1er

tiberimigouiánzen	si on meut ou si on mavoit go[uverné]
tiberimigouiénzen	si on teut ou
tiberimintizen	si on leut
tiberimigouianghizen	si on nous
tiberimigouiangouzen	si on nous et no[us]
tiberimigouiegouzen	si on nous
tiberimintouázen	si on les eut

plus q parfait 2d. quand la chose est douteuse

tiberimigouanbänin	si on meut ou si on mavoit gouver[né]
tiberimigouenbänin	si on teut ou
tiberimintibänin	si on leut
tiberimigouanghibänin	si on nous
tiberimigouangoubänin	si on nous et no[us]
tiberimigouegoubänin	si on nous
tiberimintouabanin uel. ánik	si on les

	Indicatif		Subiunctif	present 1er
	Kitiberimir	ie te gouverne	tiberimiran	si ie te gouverne
present.	Kitiberimirjm	ie nous gouverne	tiberimir ägouk	si ie nous
	Kitiberimirjmin	{nous te / nous nous} gouvernons	tiberimiriang	{si nous te / si nous nous}
				present 2d quand la chose est absente &
	Kitiberimirjnában	ie te gouvernois	tiberimirouánin	si ie te gouverne
Imparfait	Kitiberimirinaouában	ie nous gouvernois	tiberimirouhgouin	si ie nous
	Kitiberimirjnanában	{nous te / nous nous} gouvernions	tiberimirouánghin	{si nous te / si nous nous}
				Imparfait
	Kitiberimirjta	ie te gouvernay	tiberimiránban	si ie te gouvernois
Aoriste	Kitiberimirjtaoüa	ie nous gouvernay	tiberimiragoüban	si ie nous
	Kitiberimirjtánan	{nous te / nous nous} gouvernames	tiberimirangoüban	{si nous te / si nous nous}
				plus q parfait 1er
			tiberimiránzen	si ie teusse ou si ie tauois gouverné
			tiberimiragoüzen	si ie nous
			tiberimirangoüzen	{si nous teussions / si nous nous eussions}
				plus q parfait 2d quand la chose est absente &c
			tiberimirouanbänin	si ie teusse ou si ie tauois gouverné
			tiberimirouagoubänin	si ie nous
			tiberimirouangoubänin	{si nous teussions / si nous nous eussions}

Les autres Temps se coniugent selon la regle donnée cy devant

Tant soit peu quon est du zage on scaura tres facillement adiouter les autres Temps et leurs personnes prenent le modele selon la regle et les personnes dans tous les Temps selon les 3 r remarque icy.

Ce verbe na point dimperatif ou du moins il nest pas en uzage.

VERBE TU ME

	Indicatif			
Present	Kitibérim	tu me gouvernes	tiberimien	Present 1 … si tu m'e gou…
	Kitiberimina	nous me gouvernés	tiberimieg	si nous me gou…
	Kitiberimimin	tu nous gouvernes / nous nous gouvernés	tiberimiang	si tu nous / si nous nous
Imparfait	Kitiberiminában	tu me gouvernois	tiberimiouánin	Present 2e quand la chose … / si tu me gouvern…
	Kitiberiminaouában	nous me gouverniés	tiberimiouégouin	si nous me
	Kitiberiminanában	tu nous gouvernois / nous nous gouverniés	tiberimiouánghin	si tu nous / si nous nous
Aoriste	Kitiberimita	tu me gouverna	tiberimiénban	Imparfait / si tu me gouvern…
	Kitiberimitáoüa	nous me gouvernates	tiberimiegoüban	si nous me
	Kitiberimitánan	tu nous gouverna / nous nous gouvernates	tiberimiangoüban	si tu nous / si nous nous

Les Autres Temps se coniugent selon la regle donnée cy Devant.

tiberimiénzen	Plus q parfait / si tu m'eusses ou tu m'avois gouv…
tiberimiegoüzen	si nous m'eussiés
tiberimiangoüzen	si tu nous / si nous nous
tiberimiouenbānin	Plus q parfait 2 quand la chose … absente / si tu m'eusses ou tu m'avois gouverne
tiberimiegoubānin	si nous m'eussiés
tiberimiouangoubānin	si tu nous / si nous nous

Imperatif

Present.

Tiberimir	gouverne moy
Tiberimik	gouvernés moy
Tiberiminan	gouvernes nous / gouvernés nous

Paulo post futur

tiberimikan	gouverne moy bientot
tiberimikeg	gouvernés moy bientot
tiberimikang	gouverne nous bientot / gouvernés nous bientot

Singulier			Pluriel
Present. nitiberindan	je gouverne cela d'une espèce par exemple	er	
kitiberindan	tu	er	
outiberindan	il	er	
nitiberindananan	nous		
kitiberindananan	et nous / nous		
kitiberindanaoüa	vous	r	
outiberindanaoüa	ils	r	
Imparfait nitiberindanaban	je gouvernois cela	ir	
kitiberindanaban	tu	ir	
outiberindanaban	il	ir	
nitiberindananaban	nous	ir	
kitiberindananaban	et nous / nous	ir	
kitiberindanaouaban	vous	ir	
outiberindanaouaban	ils	ir	
Aoriste. nitiberindéta	je gouvernay cela	iar	
kitiberindéta	tu	iar	
outiberindéta	il	iar	
nitiberindetanan	nous		
kitiberindetanan	et nous / nous		
kitiberindetaoüa	vous	r	
outiberindetaoüa	ils	r	

Remarqués que tous les verbes actifs [expletif] ignobles sont singuliers et pluriers a l'indicatif seulement. la premiere colomne de cette page vous marque toutes les finales du verbe singulier. que si a toutes les finales du verbe singulier vous adioutes les lettres que j'ay marqué dans la petite colomne vous aves le verbe pluriel. chaque lettre respond a la personne singuliere que vous voudrés faire du pluriel la chose est facile. voyés un exemple [illegible] par exemple je [illegible] dire au pluriel dités

nitiberindan. mokman. | nitiberindan=er. mokman=er.
je gouverne . . . le couteau, | je gouverne . . . les couteaux.

remarqués que les personnes ne sont pas marquées de la nota du pluriel parce qu'elles ne prennent point ny dans actif ignobles ny en passif ignoble.

Les autres temps de l'indicatif sont semblables a ces 3. precedens de la mesme façon que j'ay dit ailleurs, icy je vous avertis que la mesme regle subsiste, et que mesme elle doit s'entendre des marques qui denotent le verbe pluriel qui sont marquées dans cette page dans la colonne ou il y a er &. ir &. iar & qui doivent s'appliquer selon la varieté des temps de l'indicatif.

IMPERATIF

Present Tiberind { air . . . gouverne cela. / amoükith . quil gouverne cela. / amta . . . gouvernons cela. / amouk . . . gouvernés cela. / amoukioüahh quils gouvernent cela.

Paulo post futur Tiberind { amoükan. / amoükith. / amoükang et or. / amoükeg et or. / amoukioüatch.

ce temps a la mesme signification que le present, il faut seulement adiouter a chaque personne Bientot. & v.g. gouverne bientot. souvenés vous du mesme avis dans l'imperatif passif.

Subjunctif

1er present Tiberinda =	man	si je gouverne cela
	men	si tu
	ng et ir	s'il
	mang	si nous
	meng	si nous et nous
	meq	si nous
	mouatch et ik	s'ils
2d present quand la chose est absante Tiberinda =	mouánin	si je gouverne cela
	mouänin	si tu
	mougouin	s'il
	mouanghin	si nous
	mouangouin	si nous et nous
	mouegouin	si nous
	mououagouin et enik	s'ils
Imparfait Tiberinda =	mánban	si je gouvernois cela
	ménban	si tu
	nghiban	s'il
d'aprés ce mot a toutes les finales Tiberinda	manghiban	si nous
	mangoüban	si nous et nous
	megoüban	si nous
	mouában	s'ils
1er plus q parfait Tiberinda =	mánzen	si j'eusse ou si j'avois gouverné cela
	ménzen	si tu
	nghizen et mouzen	s'il
	manghizen	si nous
	mangoüzen	si nous et nous
	megoüzen	si nous
	mouázen	s'ils
2d plus q parfait quand la chose est absante Tiberinda =	mouanbánin	si j'eusse ou si j'avois gouverné cela
	mouanbänin	si tu
	mougoubánin	s'il
	mouanghibänin	si nous
	mouangoubänin	si nous et nous
	mouegoubänin	si nous
	mouagoubänin et banik	s'ils

VERBE IGNOBLE PASSIF

		Singulier		pluriel
present	nitiberimigoun	cela me gouverne	une espece parix-emple	er
	Kitiberimigoun	cela te		er
	outiberimigoun	cela le		er
	nitiberimigounanan	cela nous		
	Kitiberimigounanan	cela nous et nous		
	Kitiberimigounaoüa	cela nous		r
	outiberimigounaoüar	cela les		outiberimigounaoüa
imparfait	nitiberimigounaban	cela me gouvernoit		ir
	Kitiberimigounaban	cela te		ir
	outiberimigoüban	cela le		ir
	nitiberimigounanaban	cela nous		ir
	Kitiberimigounanaban	cela nous et nous		ir
	Kitiberimigounaouaban	cela nous		ir
	outiberimigoubänir	cela les		outiberimigoubäni
aoriste	nitiberimigouta	cela me gouverna		iar
	Kitiberimigouta	cela te		iar
	outiberimigoutaiar	cela le		outiberimigouta
	nitiberimigoutanan	cela nous		
	Kitiberimigoutanan	cela nous et nous		
	Kitiberimigoutaoüa	cela nous		r
	outiberimigoutaoüar	cela les		outiberimigoutaoüa

Remarquez q' j'ay marqué icy tout au long les troisiemes personnes du verbe pluriel pour oster tous les doutes qu'on pourroit former. j'ay deja dit que les personnes qui n'a- sont pas marquées de la note du pluriel n'en ont point comme nous pourrez voir a la colonne ou j'ay marqué -er- ir- iar- qui sont les marques du verbe pluriel selon la diversité des temps er pour le present &c. comme il est marqué.

IMPERATIF PASSIF

present	Tiberimigou	r	cela gouverne moy	paulo	
		Kitch	cela gouverne le	post.	
		ta	cela nous		
		K	cela nous	futur	
		Kioüarch	cela les		

Tiberimigou	Kan
	Kitch
	Kang
	Keg
	Kioüarch

Subiunctif

1er present	ian	si cela me gouverne
	ien	si cela te
	tch et ir	si cela le
	iang	si cela nous
	ieng	si cela nous et nous
	ieg	si cela nous
	ouatch et ik	si cela les
2d present quand la chose est absante	ánin	si cela me gouverne
	ănin	si cela te
	in	si cela le
	ánghin	si cela nous
	ángouin	si cela nous et nous
	égouin	si cela nous
	gouénik et gouagouénik	si cela les
Imparfait	iánban	si cela me gouvernoit
	iénban	si cela te
	ban	si cela le
	ianghŭban	si cela nous
	iangoŭban	si cela nous et nous
	iegoŭban	si cela nous
	bănik	si cela les
1er plus que parfait	iánzen	si cela m'eut ou avoit gouverné
	iénzen	si cela t'eut
	zen	si cela l'eut
	ianghŭzen	si cela nous
	iangoŭzen	si cela nous et nous
	iegoŭzen	si cela nous
	ázen	si cela les
2d plus que parfait quand la chose est absante	anbánin	si cela m'eut ou avoit gouverné
	anbănin	si cela t'eut
	bănin	si cela l'eut
	anghibănin	si cela nous
	angoubănin	si cela nous et nous
	goubănin	si cela nous
	ágoubănin	si cela les

Tiberimigou adioutes ce mot a toutes ces finales

Regle generale. Tous les verbes actifs et passifs nobles prenent les marques du verbe plurier dans les personnes que je marqueray dans les 2 paradigmes suivans ou nous noterons la difference des verbes nobles et ignobles. ceux cy ne prennent ces marques que dans l'indicatif et ceux la dans tous les modes come nous allons

VERBE, NOBLE, ACTIF.

	Sing.		Pluriel. — I —	
Present	nitiberima.	Je le gouverne un homme v.g.	K	
	Kitiberima	tu le. . . .	K	
	outiberimar.	il le.	outiberima . . .	il les gouverne.
	nitiberimánan	nous le. . . .	ak	
	Kitiberimánan	vous et nous le.	ák.	
	Kitiberimaoüa.	vous le. . . .		
	outiberimaoüar.	ils le. . . .	outiberimaoüa	ils les gouvernent.
[i]mparfait	nitiberimában	Je le gouvernois. . .	ik	
	Kitiberimában	tu le. . . .	ik	
	outiberimabänir.	il le. . . .	outiberimabäni.	il les gouvernoit.
	nitiberimanában	nous le. . . .	ik	
	Kitiberimanában	vous et nous le. .	ik	
	Kitiberimaouában	vous le. . .	ik	
	outiberimaouabänir.	ils le. . . .	outiberimaouabäni.	ils les gouvernoint.
[Ao]ristus	nitiberimáta	Je le gouvernay. . .	iak	
	Kitiberimáta	tu le. . . .	ïak	
	outiberimataiar.	il le. . .	outiberimatáia.	il les gouverna.
	nitiberimatánan	nous le. . .	ak	
	Kitiberimatánan	vous et nous le. .	ak	
	Kitiberimatnoüa.	vous le. . .	K	
	outiberimatnoüar.	ils le. . .	outiberimatnoüa	ils les gouvernerent.

Remarqués 1° que tous les Temps delindicatif sont semblables a ces 3 Temps selon la regle q Jay donné dessus. 2°. que toutes les Troisiemes personnes du futur, des paulo post futurs, et autres Temps, excepté celles des 3 Temps marqués icy prennent |Ouga| au commencement v.g ouga = tiberimar. il les gouvernera, et iamais ces verbes nobles ne prennent |Kata| comme les verbes de la premiere coniugaison. en un mot ils prennent tousiours |ouga| aux personnes notées comme aussi tous les verbes ignobles tant actifs q passifs comme lon verra dans la seconde coniugaison. 3° remarqués dans cette colomne les notes du verbe pluvier que vous adiouterés au bout de — I — chaque finale. v.g. dites nitiberima. Je le gouverne, pour dire Je les gouverne vous adiouterés un . K . et vous aurés |nitiberimaK| Je les gouverne. et ainsi des autres personnes. gardés la mesme regle pour limperatif subiunctif, et tout le verbe passif q vous trouverés dans les pages suivantes. 4°. prenés garde q dans la seconde colomne Jay mis tout au long les troisiemes personnes du pluvier pour vous oster toutes les difficultés

IMPERATIF.

Sing. et plur.

Le present ne prent point de marque du verbe plurier v.g.	tiberim	gouverne le et les
	tiberimákitch	quil le gouverne et les
	tiberimáta	gouvernons le et les
	tiberimik	gouvernés le et les
	tiberimakioüatch	quils le gouvernent et les

		Sing.		pluriel
paulo post futur ce temps prent les marques du plurier comme sensuit	tiberimá	kan	tiberimá	katoüak
		kitch		kitch
		kang		kangoüak
		keg		kegoüak
		kioüatch		kioüatch

La signification du paulo post futur est la mesme que celle du present il ne faut quadiouter bientot v.g. gouverne le bientot &c.

SUBIUNCTIF

Sing.

1er present
tiberimak — si je le gouverne
tiberimatch — si tu le
tiberimatch — sil le
tiberimákintch — si nous le
tiberimang — si nous et nous le
tiberimeg. A est changé en E aux 2des personnes du plur. — si nous le gouvernés
tiberimáoüatch — sils le

2d present quand la chose est doutuse
Tiberima: ouákin, ouátin, goüin, ouakintin, ouangoüin, oegoüin, ouagoüin

La signification de ce 2d present est la mesme que celle du premier present tant au sing. quau plur.

A nest pas changé en ce[tte] personne

Imparfait.
Tiberima: kiban — si je le gouvernois; tiban — si tu le; ban — sil le; kintiban — si nous le; ngoüban — si nous et nous le; egoüban — si nous le (A est changé en e); ouában — sils le

Ier plus q parfait.
Tiberim: kizen — si je leusse ou si je laurois gouverné; tizen — si tu l.; zen — sil l.; kintizen — si nous l.; ngoüzen — si nous et nous l.; egoüzen — si nous l.; ouázen — sils l.

2d plus q parfait quand la chose est doutuse
Tiberim: ouakibānin, ouatibānin, goubānin, ouakintibānin, eouangoubānin, eouagoubānin, ouagoubanin

La signification de ce 2d plus q parfait est la mesme que celle du Ier plus q parfait tant au sing. quau plurier

Plur.

tiberimakoüa — si je les gouverne
tiberimatoüa — si tu les
tiberimatch — sil les et le reste au plurier
tiberimakintoüa et tiberimakintchik — si nous les &c
tiberimangoüa
tiberimegoüa

de mesme

Tiberima: oukouaoüin, outouaoüin, goüin, ouakintouaoüin, ouagouaoüin, ouégouaoüin, ouagouánik

Tiberima: kouában, touában, ban, kintouában, gouában, egougouában (A changé en E), ouában

Tiberima: kouázen, touázen, zen, kintouázen, gouázen, egouázen, ouázen

tiberime: ouakouaoubānin, ouatouaoubānin, goubānin, ouakintouaoubānin, ouangouaoubānin, ouagouaoubānin, ouagoubānin

Les significations francoises de chaque mot sont semblables il ne faut adiouter que larticle plurier Les au lieu de larticle le qui sert pour les significations du singulier &c.

3ª coniugatio

VERBE NOBLE PASSIF

	Singulier		Pluriel	
[pré]sent	nitiberimik	il me gouverne	nitiberimigouk	ils me gouvernent
	Kitiberimik	il te	Kitiberimigouk	ils te
	outiberimjgour	il le	outiberimigou	ils les
	nitiberimjgounan	il nous	ak	ils nous
	Kitiberimjgounan	il nous et nous	ak	ils nous et nous
	Kitiberimjgoua	il nous	K	ils nous
	outiberimjgouar	ils le	outiberimigoüa	ils les
[im]parfait	nitiberimjgouban	il me gouvernoit	ik	ils me gouvernoint
	Kitiberimjgouban	il te	ik	ils te
	outiberimjgoubanir	il le	outiberimigoubäni	il les
	nitiberimigounában	il nous	ik	ils nous
	Kitiberimjgounában	il nous et nous	ik	ils nous et nous
	Kitiberimjgouában	il nous	ik	ils nous
	outiberimjgoubanir	ils le	outiberimigoubäni	ils les
[preter]itus	nitiberimjgóuta	il me gouverna	iak	ils me gouvernèrent
	Kitiberimjgóuta	il te	iak	ils te
	outiberimjgóutar	il le	outiberimigóuta	il les
	nitiberimjgoutánan	il nous	ak	ils nous
	Kitiberimjgoutánan	il nous et nous	ak	ils nous et nous
	Kitiberimjgoutaoüa	il nous	K	ils nous
	outiberimjgoutaoüar	ils le	outiberimigoutaoüa	ils les

IMPERATIF

[pr]esent point de [plur]iel	Tiberimigou-	v	quil me gouverne		
		kitch	quil le		
		ta	quil nous		
		K	quil nous		
		Kioüatch	quils les		
[f]uto post[erior]	Sing. Tiberimigou-	Kan	il a la mesme signification que le present adioutes seulement bientost	Pluriel Tiberimigou	Katoüa
		Kitch			Kitch
		Kang			Kangoüak
		Keg			Kegouak
		Kioüatch			Kiouatch

SVBIVNCTIF

			Plurier
	tiberimitch	s'il me gouverne	tiberimiouatch et ik. s'ils me
1er presint sing	tiberimik	s'il te	tiberimikoua s'ils te gouvernent.
	tiberimigoutch et ir. dious	s'il le	tiberimigouatch et ir. s'ils les
	tiberimiamitch et ik	s'il nous	tiberimiamintoua et chik s'ils nou
	tiberimivang	s'il nous et nous	tiberimivangoua s'ils nous et nous
	tiberimivag	s'il nous	tiberimivagoua s'ils nous
	tiberimigouatch et ik	s'ils le	le mesme s'ils les
2d. presint quand la chose est douteuse sing	tiberimigouin	ce temps a la mesme signification que le 1er prasent	a la mesme signification que le present
	tiberimikgouin		tiberimiouagouin
	tiberimigougouin		tiberimikouaouin
	tiberimiamintin		le mesme
	tiberimirouangouin		tiberimiamintouangouaouin
	tiberimirouagouin		tiberimirouagouaouin
	tiberimigououagouin		le mesme
			le mesme
Imparfait sing	tiberimiban	s'il me gouvernoit	tiberimiouában s'ils me gouvernoi
	tiberimikiban	s'il te	tiberimikouában s'ils te
	tiberimigouban	s'il le	le mesme s'ils les
	tiberimiamintiban	s'il nous	tiberimiamintouában s'ils nous
	tiberimirangouban	s'il nous et nous	tiberimirangououában s'ils nous et no
	tiberimirágouban	s'il nous	le mesme
	tiberimigouában	s'ils le	le mesme s'ils les
1er plus q parfait sing	tiberimizen	s'il m'eut ou s'il m'auoit gouverné	tiberimiouázen s'ils m'eussent
	tiberimikizen	s'il t'eut	tiberimikouázen s'ils t'eussent
	tiberimigouzen	s'il l'eut	le mesme s'il les
	tiberimiamintizen	s'il nous eust	tiberimiamintouázen s'ils nous
	tiberimirangouzen	s'il nous et nous	tiberimirangououázen s'ils nous et no
	tiberimiragouzen	s'il nous	tiberimiragououázen s'ils nous
	tiberimigouázen	s'ils l'eussent	le mesme s'ils les
2d. plus q parfait quand la chose est douteuse sing	tiberimigoubânin	ce temps a la mesme signification q le 1er plus q parfait	tiberimigououagoubânin
	tiberimikouabânin		tiberimikouabânin
	tiberimigougoubânin		le mesme
	tiberimiamintibânin		tiberimiamintouabânin
	tiberimirouangoubânin		tiberimirangouabânin
	tiberimirouegoubânin		tiberimirouekouabânin
	tiberimigououagoubânin		le mesme
			a la mesme signification q le temps precedant.

TERMINÉS en voyelles.

en. A.

kauchka · cela est rompû
kouchkar · v · pikouchkaouar · ces choses sont rompûes
kouchkaban · cela estoit rompû
kouchkabanir · ces choses estoint rompûes
kouchkata · cela fust rompû
kouchkataouar · ces choses furent rompûes
kouchkakitch · que cela soit rompû
kouchkakiouatch · que ces choses soint rompûes
kouchkak · si cela ou si ces choses sont rompûes
kouchkagouin · si cela ou si ces choses sont rompûes quand on doute
kouchkaban · si cela estoit rompû
kouchkabanik · si ces choses estoint rompûes
kouchkakizen · si cela fut ou avoit esté rompû · le pluriel est semblable au singulier
kouchkabanin · a la mesme signification q le temps precedent tant pour le sing q pour le pluriel quand on doute &c.

TERMINÉS en voyelles en · I

mavatachi · cela est mauvais

r · ces choses sont &c.
ban · cela estoit mauvais.
banir · ces choses —
ta · cela fust mauvais
taouar · ces choses —
kitch · que cela soit mauvais
kiouatch · que ces choses &c.
k · si cela ou ces choses sont mauvaises
gouin · si cela ou ces choses sont mauvaises quand on doute
kiban · si cela estoit mauvais
kiban · si ces choses &c.
kizen · si cela ou ces choses eussent ou avoint estés mauvaises.
goubanin · ce temps a la mesme signification quand on doute

en. E.

é · cela y est · ou est placé la la · v · g
ouar · ces choses y sont &c.
an · cela y estoit
anir · ces choses y estoint
a · cela y fust
ouar · ces choses y furent
itch · que cela y soit
ouatch · que ces choses y soint
nel · ateghir · si cela ou si ces choses y sont
guin · si cela ou si ces choses y sont quand on doute
en · si cela y estoit
anik · si ces choses y estoint
hizen · si cela ou si ces choses y fussent ou avoint esté
anin · a la mesme signification q le temps precedent tant pour le sing q pour le pluriel, quand on doute

en · ou

INOU · cela est ainsi

r · ces choses sont ainsi
ban · cela estoit ainsi
banir · ces choses &c.
ta · cela fust ainsi
taouar · ces choses furent &c.
kitch · que cela soit ainsi
kiouatch · q ces choses soint ainsi
ing · vel inghir · si cela ou si ces choses sont ainsi · et on ne dit pas inouing · mais · ing &c.
gouin · mesme signification · quand on doute
inghiban · et non pas · inoughiban et signifie si cela ou ces choses estoint ainsi
inghizen · et non pas · inoughizen · et signifie si cela ou ces choses avoit ou eussent esté ainsi ·
goubanin · mesme signification · pr le sing · et plur · quand on doute.

Notés que ces verbes ont tous les temps comme les personnels et qaux persones du futur &c. elles prenent [Kata]. v · g · katapikouchka cela se rompra &c.

notés que dans cette colomne je n'ay mis tout au long que le mot de [mavatachi], et celuy de [inou] pour abreger, et pour vous dire qu'en adioutant apres ces 2 mots les lettres q je mets dans cette meme colomne vous avés toutes les personnes de ces 2 verbes impersonnels.

VERBES IMPERSOÑELS

Terminés en Consonantes.

en. An.

Marchikatchiouan. cela est laid.
- our - - ces choses sont laides
- oüban - cela estoit laid
- oubänir - ces choses &c.
- oüta - - cela fust laid -
- outaoüar. ces choses - -
- oükitch. q cela soit laid -
- oukioüatch. que ces choses.
- g. uel. ir. si cela ou ces choses sont laides. - -
- goüin. mesme signification quand on doute.
- ghüban. si cela ou si ces choses estoint laides - - -
- ghizen. si cela ou si ces choses auoint esté laides. - -
- goubänin. mesme signification quand on doute. - - - -

en. IN.

Ourichichin. cela est bon beau.
- our - - ces choses &c.
- oüban - - cela estoit bon
- oubänir - - ces choses &c.
- oüta - - cela fust bon.
- outaoüar. ces choses &c. - -
- oükitch - - que cela soit bon
- oukioüatch. que ces choses.
- g. et. ir. si cela ou ces choses sont belles.
- ougoüin. mesme significa- tion quand on doute.
- ghüban. si cela ou ces choses estoint belles.
- ghizen. si cela ou si ces choses auoint esté belles.
- ougoubänin. mesme signification quand on doute. -

en. AT

Avimat. cela est important ou di[fficile]
- our. ces choses sont &c.
- oüban. cela estoit importan[t]
- oubänir. ces choses estoint &c.
- oúta. cela fust important &c.
- outaoüar. ces choses furent &c.
- oükitch. que cela soit import[ant]
- oukioüatch. que ces choses

I avimak. ou. avimaghir, icy le t. du present de l'indicatif est changé en K. avimat. avimak. ou. avimaghir signifie. si cela ou si ces choses sont difficiles ou d'importance.

ougoüin. la mesme chose quand on doute

2 avimakiban. le t. est aussi changé en ce temps en. K. et signifie si cela ou si ces choses estoi[ent] d'importance &c.

3 avimakizen. et non pas avimatizen. signifie si cela ou si ces choses eu[ssent] ou auoint esté difficilles &c.

ougoubänin la mesme cho[se] quand on doute.

remarqués donc ces 3 exce[p]tions. le reste garde la regle generalle.

Apres les 3 mots q j'ay mis dans cette page a sçauoir. Marchikatchiouan, ourichichin. avimat nous n'aués qu'a adiouter apres ces mots les finales — q j'ay marqué et nous aurés tout le verbe de ces 3 mots. &c. - - - - - - -

+

quelques remarques particulieres
Des verbes anomeaux
Des verbeaux et verbes de faire semblant ~~[illegible]~~ et irreguliers

Noum. Je viens
Koum. tu
Oumoua. il
Noumimin. nous
Koumimin. nous et nous
Kououm. nous
Oumouek. ils

Nitinta. Je suis
Kitinta. tu y es
Ta. il y est
Nitintamin. nous
Kitintamin nous et nous
Kitintam. nous
Teuoek. ils

Nitint. Je fais ou Je suis fait
Kitint. tu fais
Toua. il fait
Nitintimin. nous
Kitintimin. nous et nous
Kitintim. nous
Touek. ils

Ninitaouiton. Je puis. ce coniuge comme le verbe actif ignoble

Je profite. ce verbe ne se dit pas tout seul

Nipiton. Je porte. ce coniuge comme le verbe actif ignoble

Je veux. Je ne veux pas. ces deux verbes ne se disent pas tous seuls mais on les exprime avec la particule [ouich] pour l'affirmation. v. g.
Je veux porter cela dites
~~ni~~ ouich=piton. et par la mesme particule [ouich] avec la negation Ka. et si comme s'en suit.
Je ne veux pas porter cela dites
Ka=ni=ouich=pitou=si. vj.

J'ayme mieux malo. ce verbe ne se dit pas mais on se sert de la particule [Kat] ou Kativakich avec le verbe qu'on veut. v. g. J'ayme mieux mourir. dites Kat. ou Kativakich nipian. ces particules regissent le subiunctif.

Je meurs. ce dit
ninip
Kinip. tu
nipoua il
ninipimin nous
Kinipimin. nous et nous
Kinipim. nous
nipouek. ils

Je dors ce dit
ninipa
Kinipa. tu
nipe. il
ninipamin nous
Kinipamin nous et nous
Kinipam. nous
nipeouek. ils

Je vay. ce dit
nitija
Kitija tu
iqi. il
nitijamin nous
Kitijamin nous et nous
Kitijam nous
iqiouek. ils

Je me resiouis ce dit
nimivoas
mivoasi. il se resiouit. ce coniuge comme le verbe neutre en I

Je mange ce dit
niouisin
ouisinj. il mange. ce coniuge comme l'autre

memini
Je me souviens ce dit
nimikaou. la troisieme fait. mikaouj. ce coniuge comme le verbe neutre en I.

Je dits. aio
nissi
Kissi. tu
ioua il
nississimin nous
Kinissimin. nous et nous
Kinissim. nous
iouek. ils

Je commence. coepi ne se dit pas. mais on se sert de la particule [nevout] avec le subiunctif. v. g.
nevout. ivivan. Je commence a te diva

Je hay odi ce dit
nichinkevindan. ce coniuge comme
nitibevindan.

inquio. inquam
Je dits. ce dit
nissi. comme dessus.
oubien. niouindan
ce coniuge comme
nitibevindan.

oporter il faut
ce dit. mivoasi.
c'est un verbe impersonnel. qui se coniuge comme Mavatachj

taedet. Je m'ennuie. Je suis fasché ce dit
nikachkevint. ce coniuge comme
nitibevint.
piget. ce dit de mesme.

noui. Je connois. cedit.
nikikérindan. &c.

Amatur. on ayme
cedit. sakitaganiouſ.
et sakitaganiouan
do cetur on enseigne
cedit. kikinohamágouſſ.

Legitur on lit. cedit.
nissitaouabamiganiouan

auditur on oit on intend
cedit nissitoutágouſſ.
ces 4 verbes sont imper=
sonnels ches les
Algonquins aussibien
q. ches les françois et
les Latins. et se
coniugent chacun
selon sa particuliere
Terminaison.

Remarques sur les verbeaux
ils se forment tous de la troisieme
personne du verbe neutre terminé
en voyelle v.g.
sasega. il est superbe. dites. sasegaouin
La superbe
pimousé. il marche. dites. pimousé ouin
La marche
papi. . il vit. dites. papiouin
Le vive. vif. vifue
tiberindisou il se gouverne. dites tiberindisouin
Le gouvernement
Et ainsi formes tous les autres ..

Remarque sur les verbes de faire
semblant. ils se forment des verbes
neutres terminés en voyelles. adioutant
Kas apres la figuratiue. v.g.
nipé il dort. ninipékas. Je fais
semblant de dormir. la figuratiue
de ce verbe sera tousiours un ou
v.g. nipekasou il fait semblant de
dormir. et ainsi de tous les autres. ils
se coniugent comme le verbe neutre
dont la figuratiue est en. ou.

Oüka et ika sont deux syllabes qui marquent
quil y a de quelq chose [redacted] en abondance en quelq
Lieu. notes quon adioute une de ces particules ouka. ou
selon la terminaison du mot comme sensuit. Lusage
apprendra la differance. voyes cependant quelq exemples
il y a des oigneaux. Je dirai mouns=ouka ovignat | assen=ika il y a des pierres
miniiask=ouka il y a beaucoup dherbe. mitik=ouka
il y a du bois. mokman=ika. il y a des couteaux. et ainsi de tous
autres mots.

Fin de la premiere partie.

Second Caier De La gramaire Algonquine. et relu.

seconde partie de louvrage

I

Pour bien aprandre la langue des Algonquins peuples de lAmerique septentrionale il faut scauoir q comme dans toutes les langues il ya des voyelles, des dyphtongues et des consonantes q dans celle cy tout cela si doit trouuer aussi bien q dans ~~toutes~~ les autres.

et comme il nest pas possible de pouuoir expliquer sa pensee sans donner quelq marque exterieure de linterieur aussi ne peut on point former une langue sans auoir quelq chose dexpres. Or cette chose estant naturelle ou ~~et~~ artificielle il faut ~~Abso~~ Absollement auoir lun ou lautre. ceux donc qui nont pas une langue naturellement il faut necessairement se seruir de lart et de lindustrie sils ueulent venir a bout de leur dessein.

Laissons donc le naturel aux sauuages et donnons les regles necessaires pour aprandre auec methode ceq nous nauons pas naturellement.

Tout les grammeriens scauent assez q cest une chose commune aux ~~a toutes~~ ~~les~~ langues quelles sont composees de quatre parties.

de la lettre, de la syllabe, de la diction, et de loraison.

Loraison se compose de dictions. la dictio de syllabes, les syllabes de lettres, et les lettres de certaines figures differentes selon lidee de ceux qui les inuanterent les premiers.

Sur la lettre oy remarque trois choses, le nombre, le charactere ou la forme, et le nom.

nos sauuages nont point tant de lettres que les francois et leur alphabeth en obmet quelqunes.

Le charactere et le nom nest point different des lettres francoises ainsi cest une chose qui ne laissera pas de faciliter la langue a ceux qui auront enuie de sy attacher ils seront desia deliures de la paine quon a daprandre le charactere grec, hebreu, arabe ou chaldaiq et de tant dautres difficultes qui se trouuent dans les langues quon escrit comme est aussi la chinoise qui na que quatre uint mille characteres qui occupent une homme ~~quasi~~ presq toute sa uie a aprandre ce qui est absolument necessaire de scauoir pour se rendre scauant dans cette langue au lieu q dans celle cy on ne doit scauoir quil ny a qun.

A · B · C · D · E · g · H · I · K ·
M · N · OV · P · R · S · T ·

en tout · 17 · lettres

il ny a que · 4 · voyelles ·

a · e · I · o ·

il y autant de dyphtongues

Ai · Au · Ei · OV · 4 ·

Les autres sont consonantes ·

A · b · c · d · g · K · m · n · p ·
R · S · T · 12 · consonantes

il ya une aspiration H · I ·

\+

2 ε

il faut encore remarquer q nos sauvages quoy quils ne scriuent ny ne lisent ils ont pourtant tout ce qui peut faire la beauté, la regularité et la perfection d'une langue cela se verra dans la suitte de ce liure ou je remarque deuant q passer plus auant et pour ne rien laisser échaper de ce qui pourroit donner occasion aux critiques q nonobstant q iay dit que nostre langue ne se serue de L'I q pour voyelle cette lettre sert quelq fois de consonante comme l'on verra dans cet exemple. (nitiia) ie vay.

Remarque

pour la prononsiation des lettres.

B et P. se prononcent de mesme

C et K.

L. et R. chés les outaouaks est le mesme ou plustost R ce change en L.

R. et N. se prononcent souuant de mesme.

cha et sa sont de mesme.

che. comme se.

chi. comme si.

Autre Remarque

nostre langue sauuage a le petit. j. pour euiter la rudesse du langage que les grecs appellent cacophonie. par exemple toutes les fois qu'un mot finit par une voyelle, et quil commence par un autre ils ne diront pas = ka=apisi. il n'y est pas. mais ils diront ka=i=apisi. et ainsi des autres mots dans le mot mesme ils obseruent la mesme chose. v. g. sasegaian. —si je suis superbe. pour sasegaan.

nous remarquons aussi des lettres doubles. par exemple kipittahour. ie te blesse. au lieu de dire kipitahour.

les ameriquains ont aussi souuant des esprits apres par exemple ouskakamik. terre neufue.

ils n'ont pas mesmes obmis les accens par lesquels ils distinguent quelq personnes des verbes et mesmes des mots.

par exemple.

tiberindamouánin. si ie gouuerne.

tiberindamoüanin. si tu gouuernes.

agáming de l'autre bord de la riuiere

agäming de ce bord de la riuiere

Pour les parties de l'oraison

Il n'y en a que sept. le participe pourtant s'exprime bien comme on verra dans les regles suiuantes

ils ont des noms. des pronoms. des verbes, et des participes qu'ils ne distinguent pas des personnes du subiunctif q par des augmens les aduerbes sont communs aussi bien q les prepositions, interiections, et conionctions. nous donnerons des regles de chaque parties en particulier. commençons

Par le nom.

Du Nom.

il y a de noms substantif tout de mesme q dans nostre langue — le dictionaire les apprendra tous — du moins ceux qui sont d'usage — ches les Algonquins dont je fais estat seulement d'enseigner la langue et tous ses secrets.

aux noms substantif je joins les adiectif qui sont tous formés des troisiemes personnes des verbes et nom pas autrement, et si quelqu'un en demande la raison je luy dirai que l'usage qui est la regle des langues est tel; ainsi s'il veut dire par exemple Belle pipe il dira . ourichichi oupouagan
belle . pipe .
ourichichi .. irini .
bel . . homme .

et ainsi de tous les autres mots = c'est a dire que pour scavoir ioindre un adiectif a un substantif il — faudra chercher dans le dictionaire le verbe qui aura raport a l'adiectif qu'on veut ioindre au substantif qu'on c'est proposé par exemple il faudra scavoir comment ce dira en sauvage je suis Beau et l'on trouvera qu'il se dira =
n'ourichich . je suis Beau .
Kourichich . tu es Beau .
ourichichi . il est Beau . puis il faut scavoir toutes les troisiesmes personnes du subiunctif tant du singulier q du plurier et l'on trouvera infalliblement l'adiectif qu'on cherche on trouvera facillement cela dans les coniugaisons tout au long, et voila une regle generalle sans exception.

il n'ya pas comme nous ~~d'article~~ point d'article ches nos sauvages et ils n'expriment point hic et hæc et hoc ou bien l'article francois . le . la si ce n'est fort rarement et ~~point~~ presque jamais ils ne disent aghihi . Tebeviendang
Le . seigneur
agouhou . mikiouam
La . maison

il y a des noms propres et des noms Appellatif.

Propres comme pachirini
vieux homme
ouabouKima
~~[illegible]~~
~~comme [illegible]~~
boisson ~~[illegible]~~ de capitaine

souvant un nom propre est pris de la troisieme personne singuliere des temps du subiunctif . v. g.

Tekouerimatch . celuy qui gouverne .

~~point~~ presque Tousiours les noms des femmes se finissent en Koué v. g. — —
manitouKoué . la famme du genie
routinouKoué . la famme du vent
mounsouKoué . la famme de l'orignac
les noms des fammes sont aussi formés des troisiemes personnes des temps du subiunctif . v. g.

manitouKoueouitch
routinouKoueouitch .
monsouKoueouitch .
{ signifient la mesme chose que dessus }

Le nom Appellatif est

Commun a toutes choses
v. g .

sipi .	Riviere .
nipi .	eau .
aki .	Terre .
ounKima .	capitaine .

[marginal note, partly cut off:] ... marque { ... — ... ichichi ... 3e pers ... sonne du ... subiunctif ... il faut qu'i... dire il ... Beau : ... elle est ... belle. ... exemple ... richichi ... beau ... elle est ... belle. ... richichi ... bel ... homme ... richichi ... ué . belle ... mme

37

+

4 c

Nous n'avons point de genre masculin ny feminin ny neutre mais au lieu de cela nous reduisons tous nos mots et nos verbes en

e A nobles. et ignobles.

Nous appellons noble tout ce qui signifie une chose vivante ou excellente, ou qui est de tres grand usage. v. g. irini. homme. Kisis. le soleil. goun. neige. Akim. raquette. oupouagan pipe a fumer du tabac. matatas robbe neuve de castor. mitigouabik. un arc a descocher des fleches. de tous ces exemples il ny a que le mot irini. homme, qui signifie une chose vivante: mais parceque toutes les autres choses que je viens de nommer sont des choses excellentes et du dernier usage chez les sauvages leur langue leur donne la noblesse qui se distingue tousiours par un verbe noble quils ioignent avec un nom noble aussi exactement que les Latins un nom substantif du genre masculin avec un adiectif du mesme genre, et tout au contraire ils assemblent une chose qui signifie une chose morte ou de peu de consideration avec un verbe de mesme nature par exemple.

Jedirai nisakika. irini.
J'ayme. un homme.

et pour les choses mortes et ignobles parles

Jedirai. nisakiton. assin
Jayme. une pierre

Lusage aprendra cette difficulté il me suffit pour le present de dire que lon voit assez la difference que je mets entre les choses nobles et ignobles inanimées dans les regles des verbes et des noms l'on verra la difference de la declinaison des noms nobles d'avec les ignobles, aussi bien que des verbes nobles et ignobles il suffit quon remarque icy cette regle fondamantale. avec quelque exemple des noms ignobles.

Sipi. riviere.
aki. terre
Ouakoui. le ciel
avangouch. estoille.

mais quelqun demandera comment parmy les choses mortes distinguerai je les nobles et les ignobles a cela on ne scauroit pas donner une regle infallible pour scavoir cella il faut aller avec les sauvages les converser et prendre garde a ce quils font noble ou ignoble cela se distingue evidement par le verbe quils ioignent a la chose quils font noble ou ignoble. v. g. qui auroit dit que la langue de nos sauvages faict noble une pipe, et non pas un canot qui leur est mille fois plus necessaire et de plus grande consideration et neantmoins le calumet est noble il pipe et le canot ne lest pas. Car ils diront

nioualama. oupouagan
Je regarde. la pipe. et

Ils diront

niouabantan. Tchiman
Je regarde. le canot.

il reste icy une petite difficulté touchant le genre commun dont il y a des choses qui semblent se devoir raporter aux choses nobles et ignobles il sera libre du se servir du verbe quon voudra le reste a lusage ce mot est un des communs: Mitic. bois on peut le faire noble ou non.

Pour ne pas espouvanter celuy qui voudroit sattacher a cette langue je l'advertis quil peut hardiment faire noble ce qui ne lest pas et ce qui l'est ~~noble~~ il peut le degrader de sa noblesse aussi bien q' le contraire et quil ne laissera pas destre entendu des sauvages quoy quil ne parle pas si correctement d'abort

Les noms nobles et ignobles

ont 2 nombres

noble: Le singulier . v.g. ounkima
Le pluriel . . v.g. ounkimak.

Ignoble: sing. . . . v.g. moxman couteau
plur. . . . v.g. moxmaner couteaux

ces noms n'ont proprement que deux cas

Le nominatif et le vocatif . sing.

Le nominatif et le vocatif . . . plur.

il n'y a aussi que deux declinaisons l'une pour les choses nobles l'autre pr celles qui ne le sont pas.

parmy nos noms sauvages il y a deux figures — —

La simple — v.g. moxman
et La composée v.g. missekoman — couteau grand

il y a aussi deux especes

La primitiue v.g. mokman
et La derivée v.g. mokmanak — de couteau manche

on ne trouue point de nom adiectif dans la langue des sauvages

par consequent ~~donc~~ il n'y aura point de comparatif nom plus & de superlatif et comme au lieu d'adjectif ils se servent des troisiemes personnes de tous les temps du subiunctif ces mesmes personnes serviront de comparatif et superlatif y adioustant seulement deux adverbes dont l'un sera heck et l'autre arioui . heck signifie entant que et arioui . plus . cela sera expliqué plus au long dans la syntaxe, on remarquera seulement icy ces nous pretendons faire scauoir en general.

Les numereaux sont deux . un noble l'autre nom.

Noble . v.g. peiik . irini
un . home

ignoble v.g. peiikoun : mokman
un — — — couteau

entre les noms nobles

il y en a qui finissent en voyelles
par exemple

ounkimA . . capitaine

NapE . . . home masle . —

IriNI . . . . home —

ManitOV . — — genie

Le vocatif ~~est~~ formé du nominatif en reietant la voyelle finale par exemple de ce nominatif

ounkima . — nous dirés —

ounkim . — ainsi des autres .

+

65.

Le Nominatif plur. est formé du nominatif singulier et n'adiouste qu'un . K . apres la finale du nominatif singulier v.g.

ounkima . capitaine aura
ounkimaK . capitaines .

Nape . masle
NapeK . masles

manitou . genie
manitouK . genies

quelq. uns sont exceptes Comme

irini . aura .
irinio uK . hommes

iKoue . . famme aura
iKoueouek . fammes .

Le vocatif plur. se forme du nominatif singu. adioutant . TiK . v.g.

ounkima . aura
ounkimatik . ô capitaines .

irini
irinitiK . ô hommes +

+ notes que proprement parler les seuls noms nobles ont le vocatif les autres rarement.

il y a d'autres noms Nobles qui finissent en Consonantes v.g.

Aouakan . esclave prisonier de guerre .
Amik . . Castor .
Arim . . Chien .
Amikouns — petit Castor .

Pour former le nominatif plur. d'ordinaire il faut adiouster . aK . a la fin du nominatif sing. v.g.

Aouakan . esclave
AouakanaK . esclaves

amikouns . . petit castor
amikounsaK . petits castors

amiK . . castor
amiKouek . castors

arim . . chien
arimouek . . chiens

ces deux derniers en sont exceptes et plusieurs autres. l'usage les apprandra.

dans ces noms le vocatif singulier se formes en adioustant un e . a la finale du singulier . Par exemple . ami[k] ô castor ... arimé ... usu. amikou[ns] ... auakan[e] ... inusit[é]

Pour former le vocatif plur. il faut adiouster . itiK . apres la derniere Consonante du nominatif singulier v.g.

Aouakan . . esclave
AouakanitiK . ô esclaves

il y a icy quelq. petite exception a faire qui pour n'estre d'aucune consequence il ne faut pas en mettre beaucoup en paine; neanmoins afin qu'il ne semble pas qu'on veuille fuir les difficultés on remarquera q. tout se reduit comme l'exemple q. j'ay donné et le suivant. on dira donc

amik
amikouitiK . ô castors .
arim
arimouitiK . ô chiens .

et on ne dira pas .

amikouekitiK .
arimouekitiK .

il faut remarquer (afin q. nous n'obmetions aucune difficulté) que les noms propres pris des troisiemes personnes du subiunctif pour former le vocatif — reiettent la derniere syllabe.

v. g. de Tekonerimatch.
Tekonerim.

de. Tessouehatch
Tessoué.

noms propres

Apres auoir dit tout cequon— peut dire des noms nobles donnons les Regles des noms qui ne le sont pas. dont

Il y en a qui se terminent en voyelles et dautres en Consonantes. on remarque— ra en passant q tous ces noms nont presq iamais de vocatif ny sing. ny plur. et depuis asseure q iamais ie ney quis garde q les sauvages s'en servent

Les Noms ignobles terminés en voyelles forment leur nominatif plur en adioutant apres la derniere voyelle un. r.

v. g. iskoute feu iskouter. feux
ouakoui. ciel. ouakouir. cieux.

Les noms ignobles terminés en Consonate pour former leur nominatif plur adioutent er. ou bien our lusage fera — distinguer quand il faudra — adiouter. er ou bien our — a la fin du nominatif sing. pour former le nomi. plur.

Cependant nous dirons

mokman . . couteau
mokmanr. . couteaux

ouakakouat. hache—
ouakakouatour. haches.

mitik — — bois
mitikour. bois. au plur.

Des nombres.

il y en a des nobles et qui ne le sont pas.

Les nobles sont tousiours ioins a des choses nobles et les ignobles aux chôses qui le sont.

marqués q les nombres sont plustot coniugés q declinés. il y aura des exemples de ciey dans la suite.

Nombres nobles et ignobles

	Nobles	ignobles.
1	peiik	peiikoux.
2.	ninch	ninchinour.
3	nissoui	nissinour.
4	neou	neouinour
5	naran	naraninour.
6	nikotouassou	nikotouassinour.

+

8e Nobles . . ignobles .

7. ninchouassou . . ninchouassinour.
8. nissouassou . . missouassinour.
9. chantassou . . chantassinour.
10. mitassou . . mitassinour.
11. achou=peiik . . achoupeiikour.
12. cette particule achou
13 seulement, adioutée signif=
ierа le nombre qu'on voudra
14 dire comme l'on peut voir –
15 dans le nombre d'onze, ou
16 j'ay adiouté achou peiik. et
si je veux dire douze je
17 diray achou=ninch qui signi
18 fie. 12. ou pour le dire –
plus clairement on adioute=
19 ra. mitassou achou=peiik
20 qui voudra dire. onze. et
si on veut dire douze on
21 dira mitassou. achou=ninch
22 et ainsi jusq' a vint.
et pour dire vint on
23 dira ninchitana. et pour
vint et un on dira –
ninchitana achou peiik
30 et ainsi du reste jusq' a
30. nissoumitana et
31 31. nissoumitana achou=
peiik. et c'est la mesme
règle generale.
40 neou mitana
41 neoumitana. achou=peiik.
&c.
50. naranoumitana.
51. naranoumitana achou=peiik
60. nikotouassoumitana.
61. adioutant achou= et le nombre
I. ou de 2. et ainsi partout.
70 ninchouassoumitana.
71 &c.
80 nissouassoumitana.
81 &c.

90. chantassoumitana
91 &c.
100. mitassou=mitana.
101. mitassou=mitana a chou=peiik.
200. ninchim=mitassoumitana
201 &c.
300. nissim=mitassou=mitana.
301 &c.
400. neouin=mitassoumitana.
401 &c.
500. náránim=mitassoumitana.
501 &c.
600. nikotouassim=mitassoumitana
601 &c.
700. ninchouassim=mitassoumitana.
701 &c.
800. nissouassim=mitassou=mitana.
801 &c.
900. chantassim=mitassou=mitana
901 &c.
1000. mitassim=mitassou=mitana.
2000. ninchim.
3000. nissim.
4000. néouin.
5000. nárănim
} mitassim=mitassou=mitana.
10000. ninchitana mitassim=mitassou=mitana

Une fois. — apitim .. / nikoutim.
Deux fois. — ninchim ..
Trois fois. — nissim ...
quatre fois. — neouissim ...
Cinq fois. — nărănim ...
six fois. — nikotouassim
sept fois. — ninchouassim
huict fois. — nissouassim ..
neuf fois — chanktassim.
Dix fois. — mitassim ...
onze fois. — mitassim=achou=peiik.
Douze fois. — mitassim=achou=ninch.

adioutant achou apres mitassi et le nombre qu'on voudra dire apres achou on contera sans faute iusq a 20 exclusiuement. 20 cedit. ninchitana et 20 fois cedit de mesme adioutant donc tousiours=achou= apres le nombre qu'on veut Compter on aura ce qu'on veut dire. par exemple si vous voulés dire. 21. vous dires

Ninchitana=Achou=peiik.
vint —— et = un.
et ainsi des autres nombres Comme dessus.

Le mot positif. par exemple. saint cedira. Kichitoua.

Le Comparatif par exemple plus saint cedira arioui=Kitchiouira.

Le superlatif. par exemple Tres saint cedira=arioui=ouir=nata=Kitchiouira.

et cela servira pour le noble et ignoble. dans la syntaxe on donera la Regle de tout cecy.

DU. Pronom.

Le pronom ches les Algonquins n'est autre chose que le nom substantif denoté par la marque de la premiere personne. ou de la seconde, Troisieme ou de celle du duel par exemple.

un couteau cedit. mokman pour dire mon couteau

Je diray — ni=mokman--

ton couteau

Je diray — Ki=mokman—

son couteau—

Je diray — ou=mokman—

nos et vos couteaux

Je diray — Ki=mokman=inan.

Remarque ce pronom mokman qui est ignoble prent seulement la marque de la personne au commencement et n'adioute rien a la fin si ce n'est qu'il se decline comme on verra dans l'exemple. les pronoms nobles outre qu'ils prenent la marque de la personne —:

premiere =ni=
de la seconde=Ki=
de la troisieme=ou=
de celle du duel=Ki= s'ils sont terminés en voyelle ils prenent apres cette voyelle finalle un. M. par exemple perdrix cedit. piré.

ma=perdrix=cedira ni=pire=m.

excepté quelques uns de cette regle qui n'adioutent rien. a la fin quoy qu'ils soint terminés en voyelles. v.g [ni ecema.] tabac. faira. nou ecema mon tabac.

IO

que les pronoms nobles terminés en consonantes adjouteront apres la finale. IM = par exemple mon=pain. se dira= ni=pakouechigan=im)

Le pronom ignoble finy par une voyelle prend à apres cette voyelle un= M= par exemple Je diray ma boisson ou mon eau a boire

: ni=nipi=m. ou nous voyés toutes les regles du pronom soit noble ou nom, finy en voyelle ou consonante. nous donnerons 4 exemples de 4 pronoms a= scavoir, deux du pronom= noble et deux de celuy qui ne l'est pas. une du pronom noble finy en voyelle, et une de= celuy qui se termine en con= sonante nous ferons le meme du pronom ignoble afin quil ne soit plus besoin d'aucune= regle, et tout se reduira a= cela. on remarquera seule= ment bien la declinaison differente des 4 paradygmes et la terminaison de tous les cas pour desormais se former pour tous les pronoms qui se raporte= ront tous a nos 4 exemples= les nobles aux nobles et les= autres aux autres qui ne le= sont pas.

Remarques plus particulieres sur les pronoms.

J'ay desia dit que le pronom est le nom substantif avec la marque de la personne. premie= re. seconde. troisieme. ou de= celle du duel.

Je dits maintenant quil y a autant de pronoms quil y a de noms substantif dont ils sont= formés en adioutant les marques des personnes que nous venons de dire

ni. pour la premiere personne
ki. pour la seconde
ou. pour la troisieme
ki. encore pour le duel.

Les Regles qui suivent sont communes a tous pronoms.

Le genre noble ou ignoble

J'ay expliqué plus haut que c'est dire noble. et ignoble. J'ay dit que ce mot de noble s'applique pr toutes les choses vivantes ou de grande consideration parmi les sauvages quoyque la chose signifie une chose morte ou inanimee. le mot d'ignoble s'attribue aux choses mortes, et inanimées.

ma=perdrix v.g. est une chose vivante. je diray donc. ni=pire=m. et elle sera du genre noble.

mon=couteau. v.g. est une chose morte. Je diray donc. ni=mokman. et j'auray donné un exemple du= genre ignoble.

Le nombre

Tous les pronoms ont 3 nombres comme les verbes.

le singulier ni=pire=m. ma perdrix
le duel kipireminan. et notre perdrix
le pluriel. nipireminan= nostre perdrix.

Le Cas

les pronoms ont 2 cas —
le nominatif. {nimichoumis — mon grand pere.
et le vocatif. nimichoume. ô mon grand
pere. ils en ont autant au pluriel
N. p. nimichoumisac. mes grands peres
V. p. nimichoumisitik. ô mes grands peres

La Declinaison

Il y a a proprement parler 4 — declinaisons parmi les pronoms — aussi bien q' parmi les noms sans — autre difference que le changement — qu'on met et devant et apres — selon la regle que j'ay donnée — avec cette exception que les — noms substantifs qu'on voudra faire pronoms s'ils commencent par . ou comme ce mot ounkima au lieu de leur donner ni au — commencement on leur donne un N. seulement pour eviter la — rudesse ou la cacophonie et — l'on dira Noukima=m. mon — capitaine et non pas. ni=ouk=ima=m. K=oukima=m. (variété. n. devant K.) et — non pas Ki=oukima=m. ton — capitaine. Tout le reste qu'on a observé dans la declinaison — des noms nobles et ignobles se — doit observer dans les pronoms nobles et ignobles conformement — chacun selon son genre le — reste qui est particulier a la — declinaison des pronoms se — pourra observer tres clairement dans les exemples q' je donneray a sa place.

La figure

est double dans les pronoms —
la simple
et la composée

La simple come. nir... moy
la composée nir=itam. moy le 1er

L'espece

est aussi double dans les pronoms
La primitive come. nir. moy
La derivée ni=seiens. mon ainé.

La personne

est triple dans les pronoms au singulier et au pluriel — il y en a 4. exemple du — singulier.

La premiere . nir... moy
La seconde .. Kir... toy
La troisieme .. ouir. luy ou son.

exemple des 4 personnes du pluriel.

Niraouint .... nous.
Kiraouint ... vous et nous.
Kiraoua ..... vous
ouiraoua ...... eux

La Signification

Il y a six significations dans nos pronoms.

La demonstrative. ouir. luy.
La Relative. qui ou quoy. Ka.
La possessive. par exemple {nimokman — mon couteau}
celle qui marque le pais d'où l'on est. par exemple {Tandibi= ounthi jriniouin. de quels hommes es tu}
La reciproque. nirma. moy mesme.
L'interrogative. Aouen. ou Aouennin. qui?

Regles ou Remarques plus particulieres sur le pronom possessif.

Je suppose premierement comme j'ay desja dit que le pronom possessif est simple comme chez les grammeriens — Latins. mon. ton. son. nostre. vostre.

45

I2

Chés les Algonquins le pronom
possessif est composé du nom substan
tif qui signifie la chose possedée, et
de la marque de la personne.
soit premiere, seconde 3me &c.
par exemple |piré| veut dire
perdrix. pour dire ma perdrix je
diray |ni=piré=m| ou vous voyés
comme j'ay desja dit un peu au =
paravant comme ce pronom ce —
compose selon la regle donnée —
qu'il seroit inutile de redire icy —
ou je pretens seulement vous —
faire remarquer que quoyque —
moy ce dise |nir| en sauvage
dans la composition il faut —
eviter la rudesse des mots ou la
cacophonie et dire |nipirem|
ma perdrix et non pas |nirpiré|
ni=mokman. mon couteau et —
vous ne dirés pas nir=mokman —

Remarqués encore que si le
nom substantif dont on veut faire
pronom commence par une
voyelle il ne faut pas retrancher
tout a fait la lettre ·R· qui est
la derniere de la syllabe |nir.|
qui signifie moy: mais qu'il faut
changer cet ·R· en ·T· par
exemple si vous voulés dire
ma = raquette vous dires —
ni=Takim|, et non pas|nirakim|
non plus que ni=akim. ou il y —
auroit cacophonie. mais pour
bien dire vous dirés nitakim
ou vous voyés que rien ne se perd
mais que le ·R· du monosyllabe
nir. est changé en ·T·

Derniere remarque
A· dans la composition du pronom
ce change quelquefois en ·m· —

par exemple. une rame
ou un aviron ce dit Appoui.|
pour dire. ma rame, ou mon
aviron il faut dire. nimppoui
et non pas nippoui, ny, nitappoui —
ny nimppouim, ny. nitapouim —
comme il faudroit dire selon —
la regle generale. de mesme —
aussi il faudra dire n'oupouagan
ma pipe a fumer et non pas
nitoupoaganim, non plus que ni=
oupoaganim comme il faudroit
dire selon la regle generalle
L'uzage demande ces exceptions
aussi bien que la remarque que j'ay
faite sur le mot de ounkima
capitaine. ouragan plat descorce
faut dire. nitouragan. mon plat descorce
et non pas nirouragan. non plus que
nitouraganim. quoyque ce dernier
ce dit dans une autre signification
par exemple de diray nitouraganing
changeant ·m· en ·ng· et pour lors
nitouraganing. voudra dire dans
mon plat descorce. Je donneray —
la regle de cette expression en son
lieu.

J'ay dit dans la regle generale
que les pronoms nobles finis en voyelle
prennent ·m· a la fin dans la
composition du pronom. par —
exemple, ni=manitou=m. mon genie.
Je dits icy que quelques uns sont
exceptés par exemple racema
qui signifie du petun ou tabac
pour dire, mon Tabac, il faut
dire niracema. et non pas
niracemam. nitaouema ma soeur
et non pas — nitaouemam. ce dernier
mot signifie et ma saeur et mon
frere, quand on est au dela de l'age
de 30. ans. pr un age moindre il y a une autre
niseiens ma saeur ou mon frere aisné.
nisimins mon cadet ou ma cadete.

quelques noms nobles deviennent pronoms par la composition ce qui ne signifient rien d'eux mesmes hors de la composition ne prenent rien a la fin pour devenir pronoms pour exemple: seiens ne signifie rien de soy mais fait pronom en prenant la marque de la personne ni= signifie mon frere ou ma soeur ainée, on dit donc nisseiens mon frere ainé, sans autre augmant a la fin.

Les noms nobles & ignobles qui ont ouek pour leur finale du nominatif plurier prenent un m. au lieu d'ek a la fin du nominatif singulier avec la marque de la personne devant par exemple

Amik. castor. fait au nominatif plurier amikouek. les castors. pour faire le pronom possessif faudra dire nit=amikou=m mon castor. et du mot ouakakouat. hache. faudra dire niouakakouatoum ma hache quoys son nominatif plurier fasse ouakakouatour. haches il est irregulier.

Comme dans les noms le vocatif singulier se forme du nominatif singulier, et le vocatif plurier du nominatif plurier aussi dans les pronoms le mesme s'observe.

quelques uns adioutent e a la finale du nominatif sing. pour former leur vocatif. par exemples, Nouous mon pere. Nououse ô mon pere.

d'autres changent A finale du nominatif singulier en he. par exemp. ninga. ma mere. ninghe. ô ma mere.

D'autres changent is finale en e. nimichoumis mon grand pere. nimichoume. ô mon grand pere.

D'autres adioutent apres la finale du nominatif un A. nigouimens. mon camarade nigouimens-A. ô mon camarade.

Du pronom possessif.

mien. tien. sien. est formé le pronom possessif. nostre vostre son. prenant separement. un j. devant un N. apres lequel on adioute encore An et l'j sera tousiours la figurative du cas proposé par exemple de nisseiens on formera nisseiensinan. nostre frere ainé.

et du pronom possessif. sui. son est formé le possessif relatif. asçavoir d'iceluy en changeant er. en irir. pr le pronom noble par exemple Pierre voit son ainé; et celuy de Jean (Pierre: ouabamartouir ouseienser, paie ouseiensirir Jean)

Notés que le verbe possessif par lequel on exprime le verbe habeo. J'ay. se forme tousiours du pronom possessif de la 3me personne par exemple de ce mot oupiramer qui veut dire sa perdrix se forme n=oupirem= qui veut dire J'ay une perdrix. en adioutant un N au commencement et retranchant er a la fin. la 2de personne faira. K=oupirem tu as une perdrix. et la 3.me aura — Oupirem=i. il a une perdrix où nous voyés que la syllabe er. est changée en. I.

Autre exemple du pronom Ignoble du mot iscouté qui signifie du feu ce formera le verbe possessif J'ay du feu on dira / noutiskoutem. tu as du feu / koutiskoutem. il a du feu / outiskoutemi.

et de cette Regle vous remarqueres que le pronom et le verbe possessif, habeo, J'ay. ont un grand raport en beaucoup de choses avec le verbe reflexif sur soy — mesme. Je expliqueray ce mot. — vous remarqueres que ce verbe a le nombre du duel, et un I. pour figurative ou caracteristique et les mesmes finales que le verbe reflexif sur soy mesme comme vous remarqueres en le conjugant de mesme façon. Voicy cependant les 4 exemples des pronoms que je vous ay promis et comment il les faut Decliner.

Premiere Declinaison du pronom possessif noble Terminé en Voyelle

N.

sing.	ni=pirem —	ma	perdrix
plu.	ni=pirem=ac.	mes	perdrix
p.	nipireminan	nostre	perdrix
p. p.	nipireminan=ac	nos	perdrix
s.	Ki=pirem	ta	perdrix
p.	Ki=pirem= ac	tes	perdrix
D.	Kipireminan	vostre et nostre	perdrix
D. p.	Kipireminan=ac	vos et nos	perdrix
s.	oupiremer	sa propre	perdrix
p.	oupirema	ses propres	perdrix

N.

s. sp.	oupiremirir	d'iceluy	la perdrix
s. et p.	oupiremiri	d'iceux	la perdrix
p.	Kipiremioua	d'iceluy d'iceux	les perdrix
p. p.	Kipiremiouac	nostre nos	perdrix.
p.	oupiremiouar	leur	perdrix.
p. p.	oupiremioua	leurs	perdrix.
s. sp.	oupiremirir	d'iceluy et d'iceux	la perdrix.
sp. p.	oupiremiri	d'iceluy et d'iceux	les perdrix.

Voila seize cas differens sans compter les 2. vocatif qui en font dix huict. et dix huict differences, j'ay marqué dans les cas et 2. des vocatif feront 20. si bien qu'on peut dire que les pronoms possessif nobles ont 20. cas tous differens dans leurs signification. les pronoms ignobles finis en voyelles en sont exceptés n'ayant point de vocatif ni guere de cas pluriers

Seconde Declinaison du pronom possessif Ignoble Terminé en Consonante

N.

s.	ni=pakouechigan=im —	mon pain
p.	ni=pakouachigan=im=ac	mes pains
p.	ni=pakouechiganiminan —	nostre pain
p. p.	n=pakouechiganiminan=ac	nos pains
s.	Ki=pakouechigan=im —	ton pain
p.	Ki=pakouechigani=im=ac	Tes pains
D.	Kipakouechiganiminan	vostre et nostre p[ain]
D. p.	Kipakouechiganiminanac	nos et nos p[ains]
p	Kipakouechiganimioua —	vostre pai[n]
p. p.	Kipakouechiganimiouac	vos pain[s]
p	oupakouechiganimiouar —	leur pain
p. p.	oupakouechiganimioua —	leurs pains
s.	oupakouechiganimer	son pain
p.	oupakouachiganima	ses pains
s. sp.	oupakouachiganimirir.	d'iceluy et d'iceux / la p[ain]
sp. p.	Oupakouechiganimiri.	d'iceluy et d'iceux / les p[ains]

faut repeter ces 2. derniers selon le sens dans lequel on parle comme dans le precedent

Troisieme De clinaison du pronom possessif Ignoble Terminé en voyelle

N.

s.	ni = nipi = m	ma boisson
	n'a point de plurier qu'a paine si on l'eusse formé il sera tres facille donnant les memes finales qu'au pronom ignoble de l'autre colomne.	
p.	ninipiminan	nostre Boisson
s.	Ki = nipi = m	Ta Boisson
p.	Ki = nipi = minan	vostre et nostre Boisson
p.	Kinipimioua	vostre Boisson
s.	ounipimer	sa Boisson
p.	ounipimiouar	leur Boisson
s. et p.	Ounipimirir	diceluy et diceux { la Boisson
s. et p.	ounipimirir	diceluy et diceux { la Boisson

autres 2. cas semblables a ces 2. derniers en leurs significations. cette de clinaison n'a quinze cas.

quatriesme De clinaison du pronom possessif ignoble et terminé en Consonante

N.

s.	ni = mokman	mon couteau
p.	ni = mokmaner	ton couteau
p.	nimokmaninan	nostre couteau
p. p.	nimokmaninaner	nos couteaux
s.	Ki = mokman	ton couteau
p.	Ki = mokmaner	tes couteaux
p.	Kimokmaninan	vostre et nostre couteau
p. p.	Kimokmaninaner	vos et nos couteaux
p.	Kimokmanioua	vostre couteau
p. p.	Kimokmaniouar	vos couteaux
s.	oumokman	son couteau
p.	oumokmaner	ses couteaux
p.	oumokmanioua	leur couteau
p. p.	oumokmaniouar	leurs couteaux
s. et p.	oumokmaniri	diceluy et diceux { le couteau
s. et p.	oumokmaniriouar	diceluy et diceux { les couteaux
s. et p.	oumokmaniri	diceluy et diceux { le couteau
s. et p.	oumokmaniriouar	diceluy et diceux { les couteaux

+ 50

Troisieme Caier Dela
Gramaire Algonquine et valen

Du Verbe.

Tous les verbes se diuisent en personel et Impersonnel

Le personel se coniuge par 3 — personnes.

L'impersonnel se coniuge seulement par les 3mes personnes.

entre les verbes personnels le Neutre se presente le premier qui de soy n'exprime nulle action actiue ny passiue. par exemple ce verbe nit'Ap. Je suis assis.

en suite du verbe neutre nous metons L'Actif noble qui marq l'action et se termine tousiours en A. ce qui se doit — tousiours entendre du verbe actif noble: car comé il y a des noms, des nombres, des pronoms nobles, comé iay desia dit, aussi faut il scauoir — quil y a des verbes actif et passif — nobles qui doiuent tousiours estre — ioints auec d'autres noms. nombres et pronoms nobles, et que l'on doit obseruer la mesme chose pour les verbes — actif et passif ignobles qui seront tousiours ioints a des parties de — mesme estat Je donneray des exemples de tout en sa place: il est aussi bon de — scauoir q comme nous apellons — noms nobles ce qui est uiuant ou de quelq consequence quoyq signifiant une chose inanimée ou morte nous apellons de mesme nos verbes nobles ou ignobles selon les choses aux quelles on les ioint cela ueut dire quil faudra tous=iours se seruir d'un verbe noble — quand l'action ou la passion du verbe noble sera noble et tout au contraire si on parle d'une ignoble il faudra — uzer d'un verbe de la mesme categorie et uoila une regle generale qui ne — souffre aucune exception.

Or pour venir au verbe Actif Noble il faut remarquer quil se — finit tousiours en A. et que generalement parlant pour former son passif — Noble il change cet A. final en IK. Je marqueray les verbes exceptés

Du verbe donc nitiberimA qui est un verbe actif noble finyssant A et qui signifie Je le gouverne Je formeray le noble passif en changeant A. en IK. v.g.

nitiberimA. nitiberim=IK

Il me gouverne. ou Je suis gouverné par luy sans adiouter comme les Latins Abillo regor. cet ablatif auec la preposition sont emportés dans la signification du verbe.

Du uerbe

Neutre Actif on donne ce nom a ce uerbe quoy quil ne garde point la coniugaison ny du uerbe neutre ny du uerbe Actif. mais parce qu'il a la signification Actiue il semble q ce nom luy est deu pour en faire — la distinction.

Il y a deux sortes de ce uerbe L'un qui a 3 personnes indefinies et non seulement il se coniuge comé tous les autres uerbes qui ont 3 personnes mais il denote mesme l'action qui se fait sur une 3me personne v.g.

nitiberimi ou. Je gouverne quelqun.

L'autre verbe neutre Actif. n'exprime iamais q deux personnes et il est en cela defectif. n'ayant que des secondes personnes en tout moeufs et en tout temps. auec la coniugaison des verbes neutres, prenant tousiours sa lettre figuratiue ou caracteristique de son verbe ~~passif~~ actif noble dont il est formé, et signifie neanmoins l'action d'une seconde — personne enuers une premiere — personne, et c'est pour cette raison — qu'on le nomme Neutre actif. v.g.

Kitiberim. Tu me gouvernes.

+

Remarqués que ce verbe semble estre tout a fait particulier a la langue Algonquine, et quoi si les regles si extraordinaires nous epouvantent d'abort ne nous en étonnés pas, souvenés vous que nous traittons d'une langue entierement inconnue dans nostre europe et qu'estant toute differente elle doit avoir aussi des principes differens que nous ne laisserés pas d'admirer et d'agréer quand je vous auray mis tout au nét avec cet avis qu'il ne faut pas commancer a aprandre cette langue par les regles cela nous fatigeroit trop il faut premierement s'attacher a aprandre beaucoup de mots par cœur, a decliner les noms et a coniuger les verbes que je vous mets separement des Regles au commencement quand vous aurés un peu apris par cœur il suffira de lire simplement les Regles sans fatiguer vostre memoire a les aprandre vous aurés le plaisir de les comprendre et d'admirer en mesme Temps la paine et le Travail de ceux qui vous font part d'un ouvrage qui ne sera peut estre pas rebuté des gens de merite et de capacité. mais Revenons a nos verbes.

Du Verbe Neutre Passif

ce verbe neutre passif est ainsi appellé a cause qu'il se coniuge comme le verbe neutre, ayant la signification passive.

Il y en a de deux sortes.

L'un qui a 3 personnes indefinies, et non seulement comme les autres verbes la 3me personne il l'exprime par 3 personnes: mais mesme il montre que la passion ou action est faite par une 3me personne indefinie. v.g. *nitiberimigou* on me gouverne. ou Bien je suis gouverné par quelqu'un ou quelques uns. Ce verbe pourroit bien a mon avis estre appellé comme ce verbe grec qu'on nomme *medium*. qui tient de l'un et de l'autre et c'est ainsi que je le nommeray dans les paradigmes ou dans les exemples que je donneray tout au long de sa coniugeson.

L'autre verbe neutre passif n'exprime iamais que deux personnes et il est en cela defectif n'ayant que 2 personnes, en tout mode et tout Temps, avec la lettre figurative ou caracteristique de son verbe noble passif duquel il est formé, et denote la passion ou plustost l'action d'une premiere personne envers une seconde v.g. *Kitiberimir*. Je te gouverne je nommeray ce verbe neutre passif ou bien le verbe. Je te, et le verbe neutre actif sera nommé le verbe tu me. tout sera clairement divisé dans les exemples aux quels si on trouvé quelque difficulté on pourra avoir recours aux regles particulieres que je donne de chaque difficulté en particulier.

Du Verbe Substantif

ce verbe marque tousiours ce qui existe ou la chose qui est.

Il y a de deux sortes de verbes substantifs.

L'un est noble qui est formé du nom substantif noble.

L'autre est ignoble formé du nom substantif ignoble.

Il y a encore de deux sortes de verbe substantif noble, l'un formé du nom substantif terminé en voyelle l'autre terminé en consonante

exemple du verbe substantif noble formé du nom substantif noble finy par une voyelle. *ounKima* capitaine pour dire je suis capitaine on dira. *n'ounKimaoui*. on l'on remarquera pour regle generalle dans tous les verbes nobles substantifs fini en voyelle ou consonne qu'ils suivent la coniugaison du verbe

+

Reflexif sur soy mesme dont Je donneray tout au long la coniugaison.

et pour former le verbe il faut prandre la marque de la personne et adiouter apres la finale du nom substantif · oui · comme vous voyés dans lexemple proposé

Ounkima
capitaine

dites · n'ounkima = ouj ·
Je suis Capitaine ·

Si le nom noble duquel vous voulés former un verbe substantif noble se termine par une consonante il faut adiouter apres cette consonan. ioui · et au commencement vous mettres la marque de la personne v.g. une Vieille ce dit.

Mitchimousens.

si vous voulés dire

Je suis vieille

vous dirés

ni = mitchimousens = iouj ·
ki = mitchimousens = iouj
tu es Vieille ·

en la 3me personne il faut reietter la marque de la personne et dire ·

mitchimousensiouj
elle est vieille

ounkimaoui ·
il est capitaine X et ainsi de tous les autres.

Outre ces deux sortes de verbes substantif nobles il s'en trouve encore de deux sortes d'ignobles l'un formé du nom substantif ignoble terminé par une voyelle, l'autre formé du nom substantif ignoble finy par une consonante.

le nom substantif ignoble finy par une voyelle adioute apres cette voyelle | ouans | et ne prent aucune marque de la personne au commencement d'ou vient quil est appellé le verbe substantif ignoble impersonël — c'est une coniugaison particuliere, aussi bien q le verbe substantif ignoble qui est formé du nom substantif ignoble finy par une consonante apres la quelle adioutant | jouans | on a le verbe substantif ignoble ipersoñel, qui se coniuge par un verbe impersoñel de mesme q le verbe substantif ignoble et impersoñel formé du nom substantif ignoble finy par une voyelle exemple des deux formaisons

iskouté du feu

si vous voulés dire. il y a du feu oubien cela est du feu vous dirés

iskouté = ouan

il y avoit du feu oubien cela estoit du feu

iskouté = ouan ouban

Je donneray un exemble de la coniugaison en sa place.

exemple de la formaison du verbe substantif ignoble du nom ignoble terminé en consonante

mokman · couteau

mokman = iouan
c'est un couteau

mokman = iouan = ouban
cela estoit un couteau.

qui diroit apres cela quil y a encore une regle admirable pour faire encore une autre sorte de verbe substantif noble, formé d'un ignoble de mesme quil y a des gentils hommes qui sont sortis des roturiers voyons donc ce secret. J'ay dit que le mot qui signifie du feu | iskouté | estoit un nom ignoble par ce qu'il signifie une chose inanimée et finy par une voyelle et q par consequent il ne pouvoit former qu'un verbe substantif ignoble · et icy Je dits quil devient noble avec tous ceux de sa mesme categorie soit finis par une voyelle ou par une consonante · lors quon leur voudra faire signifier une chose vivante · v.g. si on veut dire Je suis du feu Je diray elegement · nitiskouteoui · Je suis un couteau · nimokmanioui · ou vous remarqués la regle generale du verbe

55

19

Substantif noble qui est formé du nom substantif noble terminé en noyelle qui prent au commencement la marque de la personne et a la fin de la noyelle · oui v·g· nit=iskouté=oui Je suis du feu

Remarques sur ce qui est commun a tous les verbes.

La figure: simple: nitibervindan, je gouverne cela; et composée: ni=papa=tibervindan, je gouverne toujours cela

L'espece: primitive: nitiberima, je le gouverne; derivée: nitibervindamouan, je gouverne quelque chose qui luy apartient

Le nombre: singulier: nitiberima, je le gouverne; duel: kitiberimanan (toy et moy, toy et nous; nous et moy, nous et nous le gouvernons); plurier: nitiberimanan (nous le gouvernons)

La personne: premiere, seconde, troisieme, celle du duel

Remarqués encore une chose bien particuliere a cette langue qu'est seulement dans l'indicatif on met la marque de la personne qui est ou ni · ou ki · oubien ou et cela ce fait pour eviter la rudesse des mots ou la cacophonie des grecs qui preposent ou mettent leur articles pour eviter cet inconvenient.

Le Temps: il a 3 Temps distincs l'un de l'autre dans l'indicatif le present, l'imparfait en · ban · l'aoriste · on y en adjoute l'indefiny · en tai · et le paulopostfutur ·

Les Temps sont 2 a l'imperatif le present et le paulo post futur.

Les Temps du subiunctif sont cinq: le present premier, le present second, l'imparfait premier, l'imparfait second et le plus que parfait

L'optatif a autant de Temps que le subiunctif et il ne different du tout point du subiunctif pour la terminaison de temps, et on n'a qu'a adjouter la particule: Dieu veuille ou plust à dieu, qui est une marque de souhaits aux personnes du subiunctif et ainsi on aura tous les Temps, et toutes les personnes de l'optatif · or cette particule Dieu veuille ou plust à dieu oubien cet autre o si · ce dit en sauvage · Kat · oubien Katirakich · v·g·

Dieu veuille que j'aille au ciel (ou) Kat / Katirakich iiaian ouakouing ·

Par le mesme subiunctif Les Algonquins ou leur langue expriment l'infinitif, les gerundifs et les supins, et les participes comme je le ferai voir.

Les Temps du mauf potentiel comme quelques uns l'on voulu apeller sont exprimés partie par les Temps de l'indicatif, et partie par le present et le plus que parfait du subiunctif c'est pour cela qu'il faut scavoir les particules qui marquent le preterit et le futur de l'indicatif du verbe dont on veut se servir pour dire ce qu'on veut enoncer · en un mot cette langue distingue Tout ce que les grecs latins et françois peuvent dire dans tous les temps & je donneray des regles particulieres pour la formation de tous les verbes ou l'on verra la liaison de l'un a l'autre et comme ils se forment les uns des autres ·

Les Moeufs sont 3 { Lindicatif. / Limperatif. / Le subiunctif. }

Lindicatif a 9 Temps

- Le present nitiberimiou — il a é pour figurative. — { Je gouverne quelqun }
- l'imparfait nitiberimiouaban — { Je gouvernois quelqun }
- L'Aoriste nitiberimiouetai — { Je gouvernay quelqun }
- le preterit parfait { ni Kich tiberimiou } — { J'ay gouverné quelqun }
- plusqueparfait { ni Kich tiberimiouetai } — { J'avois gouverné quelqun }
- le futur premier { nigatiberimiou } — { Je gouverneray quelqun }
- le futur second { nigatiberimiouetai } — { Je gouverneray bientot quelqun }
- le paulopost futur 1er { nigatiberimioueaban / Je gouvernerois quelqun }
- le paulo post futur second { nigaKichtiberimioueaban / J'eusse ou J'aurois gouverné quelqun }

Par les particules Kich et ga nous distingons les Temps en y adioutant les differentes finales, ce qu'on peut observer dans les exemples de Temps que venons de marquer dans le 9 Temps de l'indicatif.

Remarques pour une Regle generale et qui souffre peu d'exceptions. De la 3me personne du singulier du present de l'indicatif se forment toutes les personnes de l'indicatif avec les 3 personnes du singulier present du subiunctif et de ces 3 du present du subiunctif toutes les autres du mesme subiunctif sont formées. on verra cela clairement dans les coniugaisons dont nous donnerons des paradigmes.

Limperatif a 2 Temps

1. le present Tiberimiou — { gouverne quelqun }
2. le paulo post futur { Tiberimioukan } — { gouverne bientot quelqun }

L'optatif

est comme le subiunctif et ne differe en rien come j'ay desia dit que par la particule Kat ou Katirakich qui signifie plut a dieu.

Le Subiunctif a 5 Temps

- 1er present Tiberimiouian — { Si je gouverne quelqun }
- 2d present Tiberimiou-ouanin — { Si je gouverne quelqun quand cela est en doute ou eslogné ou absent }
- 3. o preterit imparfait Tiberimiousiaban — { Si je gouvernois quelqun }
- 4. et 1er plusqueparfait tiberimiousiaban — { Si j'eusse ou si j'avois gouverné quelqun }
- 5. et 2d plusqueparfait tiberimiousouambanin — { Si j'eusse gouverné ou si j'avois gouverné quelqun quand cela est en doute ou eslogné ou absent }

Nos Algonquins semblent avoir emprunté les augmens de la langue grecq : mais seulement au subiunctif. Il y en a 2. le Temporel et le syllabique . dont nous parlerons par l'augment on exprime la durée quand, les participes et les gerondis en do .

Par les particules Kich qui est la marque du preterit ou du passé. et la particule . Ke . qui est la note du futur on exprime les temps du subiunctif et le Mœuf potentiel.

Nostre langue Algonquine n'a point d'infinitif mais il s'exprime par la personne 2de premiere du verbe mutuel d'où l'on forme le present et le parfait de l'infinitif qui n'est cependant iamais en uzage ainsi cette regle est inutile
dites pour faire si vous voulez. sakihitiningkiv. sanekyhav
les gerondifs et les supins ne s'expriment que par circonlocution comme je dirai dans les regles.

Regles de la Coniugaison des verbes

Il est important pour eviter la confusion des verbes de les diviser en quelq coniugaisons, et de distinguer les figuratives ou caracteristiques et les finales qui conviennent a chaque coniugaiso pour scauoir remarquer la varieté des significations ce n'est pas sans raison qu'on divise les verbes en diverses especes de coniugaisons cela se fait pour scauoir reconnoistre les tres grandes differences qu'il y a dans la distinction qu'il faut faire des mots qui doivent estre appliqués a diverses personnes et a une infinité d'obiects.

Il y a seulement 3 Coniugaisons dans nos verbes aux quelles se raportent plus de 100 façons de verbes

La premiere est des verbes Neutres, a laquelle aussi se reduisent les verbes neutres actif et passif dont nous avons parlé.

La seconde est des verbes Nobles Actif.

La Troisieme est des verbes Nobles passif

Remarqués que necessairement il faut raporter a la premiere Coniugaison Tous les verbes Ignobles actif et passif. La plus part des verbes substantifs et tous les autres qui ne sont pas nobles : parce qu'a peine trouve on dans tous ces verbes nulle notable differance dans les dernieres syllabes des personnes, et qu'il n'y en a aucune dans les figuratives estant toutes les mesmes.

Remarques particulieres sur les verbes de la premiere Coniugaison

Comme les grecs donnent des Regles dans leurs coniugaisons touchant les figuratives et les finales des personnes; nous en establirons de mesme pour nos 3 coniugaisons donnant des regles pour les figuratives et les finales.

Remarqués que dans la premiere Coniugaison La marque qui distingue les personnes se met tousiours devant excepté a la 3me personne du singulier du present de l'indicatif qui ne prend cette marque au commencement mais a la fin et de la que procede

Tousiours ce prent la lettre figurative du verbe qui est la lettre qui doit estre posée dans toutes les personnes du mesme verbe. Or cette figurative est Tousiours une voyelle et quil [illegible] quelle est accompagnée d'une consonante qui est la configurative.

La marque de la premiere personne est. ni= v.g. nipap. Je ris.

La marque de la seconde personne est. Ki= v.g. Kipap. tu ris.

La marque de la Troisie. personne est. ou. mais excepté la 3me. personne du present q. Jay dit qui la prant a la fin. ~~oug~~ & v.g.

Tiberindisou. il se gouverne soymesme.

Mais pour revenir a nostre exemple et dire q. la figurative du verbe se prent d'ordinaire de la finale de la 3me personne du present de l'indicatif qui est variée selon l'uzage de la langue et tantot c'est un. A. v.g. Saseg-A. il est superbe tantot c'est un. E. v.g. pimous-E. il marche. Tantot c'est un. I. v.g. papI. il rit. et enfin tantot c'est un (. Ou v.g. Tiberindisou. il se gouverne)

Ainsi de Saseg=A. il est superbe on dira. Nisasegámin. nous sommes superbes

De pimous=E. il marche on dira nipimousémin. nous marchons

De papI. il rit on dira nipapimin. nous rions

De. Tiberindisou. il se gouverne. on dira — nitiberindisoumin. nous nous gouvernons. Tout le reste se verra dans le verbe lorsque nous les coniugerons, et il suffira de donner un exemple d'une seule figurative: car de cet exemple on viendra aisement a comprendre tous les autres. Je marqueray les verbes irreguliers en son lieu.

Les Troisiemes personnes du futur de l'indicatif sont exceptées de la regle generale car au lieu de prendre un. ou. elles prennent au commencement pour denoter la Troisieme personne. Kata. oubien. ouga. L'uzage et les exemples q. Je marqueray feront voir la difference de l'application de Kata. ou bien de. ouga et pour dire en general une regle on prendra garde q. tous les verbes neutres et impersonnels prenent Kata. et non pas ouga qui est reservé pour les autres verbes. exemple de tous les 2. il faut dire

Kata=papi. il rira et non pas ouga=papi. mais nous dirons

Ouga=sakiar. Tessouenter il aymera — Tessouenat. nomen proprium

et nous ne dirons pas

Kata=sakiar ✗

Remarqués encore q. la particule — Kich. est la marque du Temps passé et quelle ce met tousiours au preterit parfaict pour le distinguer du present qui est le mesme en tout excepté cette difference.

La particule. ga differencie aussi le futur de l'indicatif du mesme present — exemple. du present. du preterit et du futur.

ni=pimous. Je marche.

ni=Kich=pimous. Jay marché

ni=ga=pimous. Je marcheray

R. 3

I°

REmarques generales Sur les figuratiues

Les Verbes Neutres ont comme jay dit. La figuratiue a la 3me personne du sing. de Lindicatif et nom pas a la Ire. ny a la seconde.

excepté quelques uns qui lon a la Ire et a la seconde.

I°. tous les verbes substantif. v.g.

nouximaouj. Je suis capitaine.
Kounkimaouj. tu es capitaine.
ounkimaouj. Il est capitaine.
nounkimaouj min. nous somes capitaines.

2°. les verbes Termines en — chin. sont exceptés. v.g.

nitagochin Je	arriue
Kitagochin tu	
tagochin il	

nitagochinimin. nous arriuons.

3°. les verbes finins en — ouam = v.g.

nitispitinkouam. Je	dors
Kitispitinkouam — tu	
outispitinkouam. il	

nitispitinkouámin. nous dormons.

2°.

REmarqués

q dordinaire la figuratiue de cette premiere Coniugaison est la derniere uoyelle de la 3me. personne du present de lindicatif comé jay dit ce quon descouure dans la coniugaison dun uerbe quand un sauuage parle car cest dela q nous auons descouuert tous les secrets de la langue et par une attention extraordinaire on est uenu a bout de reduire tout en regles et remarques infallibles — Comme lon pourra iuger dans tout Louurage on lon y remarquera — mille gentillesses de la langue des — Barbares et on louera bien de ce quon a peu descouurir tant de difficultes et les reduire en preceptes Tres seurs — et indubitables puis q lon uerra le tout reduit en pratique dans la composition des discours de sorte quil ne — faudra nallement douter de ce quon trouuera escrit icy estant assuré q quiquonque prendra la paine de estudier ces Caiers il se rendra Tres intelligent en la langue des Algonquins et se faira entendre dans en tout ce quil uoudra De maniere quon peut dire quon a tout ce quon peut auoir dune Langue morte qui nest pas dans — aucuns escrits puis ces nations barbares sont sans lecture ny escriture dou lon Conniectura du Trauail de tous les Aucteurs q Jay nommés dans ma — preface et de lhorrible paine q Jay pris daiuster tant de papyers si differens les uns des Autres. cette parenthese ne sera pas hors de propos encore faut il un peu se desbander lesprit pour Reuenir auec plus de Courage sur nos difficultés et dire q la derniere syllabe est la figuratiue de nos uerbes proposés quelques Verbes Anomeaux sont exceptés nous en parlerons plus bas cependant aprenes que ces uerbes ont Deux figuratiues & une a lindicatif et lautre au subiunctif.

Dautres verbes ont des figuratiues pour la premiere et seconde personne et une autre toute differante pour — les Troisiemes personnes.

NOTES

q le verbe Actif ignoble Terminé e[n]

An. En. In. on.	a pour figuratiue la uoyelle qui est deuant l'N. et il se doit coniuger en tous moeufs. Temps et personnes de mesme q sil ny auoit point d. N. dites le mesme du verbe ignoble passif qui se termine Tousiours — on
— goun	v.g. ninisigoun chimagan ma mé — lespée.

non obstant tout cela remarqués que le uerbe ignoble actif et passif differe du uerbe —

neutre dans la terminaison des finales du present de l'indicatif, et en la marque qui denote les verbes ... le cas plurieux comme je expliqueray en son rang. — il differe encore en la marque qui est mise devant les personnes cecy demande un peu de explication en son lieu.

REMARQUES

sur les finales

Par les finales je veux dire toutes les lettres qui sont dans toutes les personnes apres la figurative du verbe v.g.

nipimousé = naban. je marchois — é. est la figurative — naban sera la finale

1ere Regle Toutes les finales dans cette conjugaison sont les mesmes quoy que les figuratives soint differentes. ~~v.g.~~ ainsi il suffira de conjuger un verbe terminé en A. v.g. qui sera la figurative et ceux qui auront É. ou I ou bien ou auront les mesmes finales. Par exemple nous verrés toutes les finales d'un verbe qui aura ou pour figurative se terminer de diverses facons pour faire la difference des personnes nous metres les mesmes finales apres un autre verbe qui aura A. ou. É ou. I. qui feront la mesme distinction des personnes quelles faisoint a l'autre verbe v.g.

nitiberindis ou—Min. nous nous gouvernons
nisalega — min. nous somes superbes
nipimousé — min. nous marchons
nipapi — min. nous rions. —

et ainsi des autres terminaisons ou finales qu'on verra dans le paradigme que je donneray tout du long. cette regle se doit entendre des verbes neutres seulement qui sont figurés ou qui ont une voyelle pour caracteristiq

1o.

notés une chose assés particuliere que quelquefois on insere quelques lettres entre la figurative et la finale pr eviter la cacophonie ou la rudesse des mots. cela ne se fait que dans les 3mes personnes du plurier du present indicatif par exemple pour dire ils rient il faudire — papi=oue=k. au lieu que selon la regle generale il faudroit dire papik ils rient requine cedit pas. ou nous voyés qu'on a inseré oué. entre papi. et. k. et si nous medités que cela est difficille et extraordinaire je dirai qu'il est vrai mais que les sauvages parlant comme cela il faut parler selon leur uzage qui est le maistre de la langue. nous dirés aussi.

pourou=e=k. ils manquent de leur et non pas pourouk. come il faudroit — dire selon la regle generale. dites aussi

nipe= oue=k. ils ~~dorment~~ dorment et non pas nipek.

nip= oue=k. ils meurent et non pas nipik. il y a peu d'autres verbes qui ne gardent la regle generale

2o.

Remarqués que les 3mes personnes tant du plurier que du singulier du present du subionctif ont deux finales. — le paradigme faira voir cela clairement cependent voicy un exemple

3mes personnes du sing

Tiberimoutch. ou Tiberimoutchir.
sil est gouverné.

Tiberindang. ou Tiberindanghir.
sil le gouverne cela

Tiberindamoueoueguin. ou Tiberindamou= = gouenik
sils gouvernent cela. ou sils gouvernoint cela

3me personne du plurier

Tiberimouatch. ou Tiberimutgic.
sils sont gouvernés.

61

25

2de Regle.

Le verbe terminé en Am a pour figurative. Mou en la 3me personne du present de l'indicatif. et en toutes les autres 3mes personnes de l'indicatif excepté les 3mes de l'aoriste et celles ... de l'imperatif ont la mesme figurative. Toutes les 3mes du subiunctif excepté celles du premier present. Car il faut dire Tibevindano. s'il gouverne cela. et il ne faut pas dire tibevindamouno. voyés le vise dans le paradigme.

Le meme verbe apres sa figurative. A. retient sa configurative Mou. dans les premieres et 2des personnes. excepté la premiere du plurier du present: mais dans les premieres et secondes personnes du subiunctif il retient seulement. N. et reiette l'ou. voyés le paradigme.

3me Regle

Le verbe qui se termine en chin. a aussi deux figuratives. l'une est. I. qui est devant. N. final; et cela seulement aux personnes du subiunctif. voyés l'exemple.

L'autre figurative est encore un I. qu'il prent apres N. final du mesme verbe dans l'indicatif seulement. et dans la premiere de l'imperatif. exemple de deux.

Nitagochin. J'arrive.

Nitagochins=min. nous arrivons

Tagochins. arrive. ou. l'I qui est posé apres l'. N. est cette figurative dont il est question.

4me Regle

ce mesme verbe en chin, pour figurative des 3mes personnes du plurier du present et de l'imparfait du sing. de l'indicatif, et de toutes les 3mes de l'imperatif, et du subiunctif. prent ou. apres. N. voyés le paradigme.

ce mesme verbe retient encore noui dans les secondes personnes de l'imperatif. mais il ne retient que l'. N. dans les premieres et secondes personnes du subiunctif et cet. N. est sa configurative. voyés le paradigme.

Notés enfin que le verbe Neutre actif qui a 3 personnes indeterminées se raporte a cette premiere Coniugaison: car il est certain qu'il se coniugue et pour la figurative et pour les finales en tous les modes comme le verbe neutre terminé en. E. v.g. Nipimouse. Je marche. pimousé. il marche.

A cette mesme Coniugaison se raporte encore le verbe defectif neutre Actif. ou seconde personel: Car il se coniugue comme le verbe neutre terminé en I

Nipap. Je vis.

papi. il vit.

ce qui sentent des secondes personnes en tous modes et en tous temps.

Remarques particulieres sur la seconde Coniugaison

Tout verbe Noble Actif se termine en. A. et cet. A. est la figuratiue du verbe, en tout moeuf, temps, et personne. voyes le paradigme.

exceptés en 1°. la seconde personne du singulier du present de limperatif et la seconde du pluriel du present du subiunctif car la figuratiue. A. ne doit point [illegible] dans ces 2 personnes. v.g. a nitiberima. Je le gouuerne. dites a limperatif. Tiberim gouuerne le. Tiberimeg si nous le gouuernés. et ne dites pas. Tiberima. ny tiberimag. ou nous voyés que l'A. est retranché.

Marqués q le verbe noble actif qui se termine en RA. change cet. R. en. ch. a la seconde du present de limperatif. v.g. du verbe nipira. Je le porte nous dirés. pich. porte le. quelques uns mesme changent l'R. en. nch. v.g. nimira. Je luy donne. dites minch. donne luy. niouira. Je le nomme. dites ouinch. nomme le.

Les verbes nobles actif finis en {houa choua soua} retranchent l'A final a limperatif. v.g.

nipakitehoua. Je le bats frappe. aura a limperatif. pakitehou. bats le.
nimanichoua. Je le coupe. aura manichou. coupe le.
nimetisoua. Je le brule. aura metisou. brules le.

exceptés ou Remarqués encore 2°. q la figuratiue. A. finale du verbe noble actif se change en IK. dans la seconde personne du pluriel du present de limperatif. v.g. du verbe nitiberima Je le gouuerne dités. Tiberim=IK. gouuernés les. les verbes en {houa choua soua} changent l'A. en. K. seulement. v.g. dites

nipakitehoua. Je le bats. pakitehouk. Bates les.
nimanichoua. Je le coupe. manichouk. coupés les.
ni metisoua. Je le brule. metisouk. Brulés les.

Seconde Regle

La premiere et seconde personne du present de lindicatif prenent. K. apres l'A. final pour denoter les cas pluriers le paradigme donnera un exemple tres clair de cela. neanmoins pour rendre encore la chose plus facile J'adiouste icy un exemple qui seruira de Regle generale on verra tous les autres temps dans le verbe qui sera coniugé tout au long sans quil y manque Rien voyés donc cependant la marque des cas pluriers

nitiberimA. Je le gouuerne pour dire. Je les gouuerne nous dires.

nitiberimA=K. Je les gouuerne &

Toutes les personnes du pluriel excepté la 3me prenent. AC. apres leur finale. v.g.

nitiberimanan=AC. nous les gouuernons. voyés le reste dans lexemple.

Limparfaict apres ban prent. IK. excepté aux 3mes personnes. qui prenent au present. un. R. a limparfait. ir. a laoriste. tar. le paradigme nous montrera tout au doit.

La premiere du paulopost futur de l'imperatif pour marquer les cas pluriel change . N final en T et prent apres ouak . v.g .

sakihakan . aymons le .

sakihakaT=ouak . aymons les .

Dans le subiunctif . ch . final qui exprime le cas singulier . pour exprimer le plurier ce . ch . sera changé en oua . v.g . sakihatch . si tu l'aymes .

sakihatoua . si tu les aymes .

Les personnes du subiunctif qui ont pour finales aux personnes du sing. et du plur. { Zen / ban / Banin } { pour exprimer le cas plurier prenent devant ce Zen / ban . ou / Banin . } oua . qui est inseré au milieu du mot immediatement devant Zen . ban . banin . v.g .

sakihakiban . si de l'aymois

sakihak=oua=ban . si de les aymois .

voyés le reste dans le verbe qui est mis tout au long dans le paradigme du verbe noble actif .

J'ay dit q̃ toutes les 3mes personnes de l'indicatif avoint un . R . auparavant un . ir . al imparfaict . [illegible] . ar . al aoriste pour finale . pour exprimer leur cas singulier . v.g .

pierre ayme son fils propre .

pierre ousakihar . oukouillisser

Jean batoit son frere propre

Jean oupakitehouabanir . ouikanisser .

paul gouverna celuy qui faict le vent

paul outiberimatai=Ar . ka=routinoukeritch

maintenant pour exprimer leur cas plurier toutes les troisiemes personnes de l'indicatif perdent leur . R . final et le cas régy par le verbe perd aussi son K . final affin q̃ le verbe et le cas conviennent ensemble . v.g .

pierre ayme les capitaines . il faut dire pierre ousakiha ounkima . et non pas pierre ousakihar . ounkimak . et c'est icy une regle generale sans exception . le paradigme et la syntaxe le confirmeront .

Remarques

particulieres sur la troisiemes Coniugaison .

Devant toute autre chose il faut scavoir que le verbe passif noble se forme de son actif noble en changeant L'A . final en . IK . v.g .

A . nitiberima . Je le gouverne dites

nitiberim=iK . il me gouverne ou Je suis gouverné par luy .

Les verbes Nobles actif terminés en { houa . / choua . / soua . } { gardent une regle particuliere et ne changent pas A . en . iK . mais les verbes en } houa . changent . A . en . K . v.g

nipakita=houa . Je le bats dites

nipakitehouk . il me bat .

Les verbes en . choua . changent A final . en . K . v . g

nimanichou=A . Je le coupe dites

nimanichou=K . il me coupe .

les verbes en soua . changent A . final . en K . v.g .

nimetisouA . Je le brule

nimetisou . K . il me brule .

Regle premiere

La figurative du verbe noble passif est prise de la finale de la 3me personne du singulier du present de l'indicatif du mesme passif noble . or cette finale est oou . v.g .

nisakihiK . il m'ayme

kisakihiK . il t'ayme . . .

ousakihigou . il l'ayme .

exceptés de cette regle les premieres et secondes personnes du subiunctif qui ont pour caracteristique la derniere voyelle de la premiere personne du singulier du present de l'indic. qui se termine en . iK . v.g . A .

nitiberimik · il me gouverne · dites
Tiberimitch · s'il me gouverne ·
Tiberimic · s'il te gouverne ·

Tout au contraire ceux qui ont en
houa
choua } au lieu de la figurative · I
soua } ont · ou · v · g ·

ni manichou[illegible] · il me coupe
manichoutch — s'il me coupe
manichouk — s'il te coupe ·
ni metisouk · il me brule ·
metisoutch — s'il me brule ·
metisouk — s'il te brule ·

nipakitehou-k · il me bat ·
pakitehoutch · s'il me bat ·
pakitehouk · s'il te bat ·

Les verbes in / Aoua / impur
c'est a dire qui ont une consonante devant
le A · pour former leur passif noble —
changent · oua / final en · k · v · g ·

nipamitAoua · Je luy obeys · dites —
nipamita-k · il m'obeyt ·

nitepouetAoua · Je le crois adiouste foy a luy ·
nitepouetak · il me croit adiouste foy a moy
ces verbes gardent la Regle generale
pour les premiere personnes du subiunctif cy dessus

pamitaouitch s'il m'obeyt et nompas
pamitoutch ·
pamitaouiaminatch · s'il nous obeyt ·
tepouetaouitch s'il me croit et nompas
tepouetoutch ·
La seconde garde la regle de que dessus hors le
v · g · pamitouk · s'il t'obeyt et nompas
pamitouik ·
pamitouranq · s'il nous obeyt et nous aussi ·
tepouetouk · s'il te croit et nompas
tepouetouik · ces regles qui semblent
un peu embarrassées ne le sont point du
tout avec un peu d'usage, et quoy qu'il
en soit je m'imagine de faire une faute
notable si je ne descendois pas iusques
aux plus menues difficultés.

Notés
q le verbe passif noble qui est
formé de l'actif noble termine en
-va · comme · nimiRa · Je luy donne
nipiva Je le porte qui former les secondes
personnes du subiunctif change · R ·
en · [illegible] · ch · v · g · nimiva · Je luy donne
le passif a nimivik il me donne · la
premiere du subiunctif passif aura
minchitch · s'il me donne · mivic s'il te
donne · le verbe · nipiva Je le porte
suit la mesme regle · v · g · nipivic —
il me porte · pichitch · s'il me porte —
pivic · s'il te porte ·

Regle seconde

Les finales du verbe passif
sont les mesmes q celles du verbe
Actif lors qu'il est question de denoter
Le cas pluriel voyes la Regle q
J'ay donné un peu devant pour ayder
et le par adiouster qui nous esclairsira
plainement.

Remarqués
pourtant q la premiere du subiunctif
actif et passif different en ce que —
la marque du cas pluriel n'est pas —
la mesme · parce q dans l'actif noble
la particule · oua est posposée —
au · k · final du subiunctif · v · g ·
Tiberimak · si Je le gouverne ·
Tiberimak = oua · si Je les gouverne ·

Dans le passif noble
La particule — oua, est inserée
dans le verbe et mise devant
tch · final · v · g
Tiberimitch · s'il me gouverne
Tiberimi = oua = tch · s'ils me gouvernent

Remarques

Particulières sur quels verbes

Le verbe neutre passif ou — seconde personnel ou deuxième se rapporte a cette coniugaison du verbe passif noble a l'égart de son subiunctif puis quil a la mesme figurative et les mesmes finales au subiunctif et les personnes sont mesme les mesmes voyés le paradigme.

A cette même coniugaison — se peut aussi raporter le verbe neutre passif qui a 3 personnes indefinies quelesquels — gray et nous avec eux appellons verbe medium. le verbe medium c'est dans les 3mes personnes du subiunctif ou Seshoume se raport, car il semble quil imite ce verbe ayant avec luy les mesmes nuances d'A en I qui forme sa 3me personne du subiunctif v.g. de tiberima on le gouverne c'est formé tiberimintch si on le gouverne mais de manichouk on le coupe c'est formé manichountch si on le coupe, ou vous voyés que A n'est pas changé en I mais en [ou] comme aussi dans cet exemple patakakouahoua on l'atache en persant nous voyés que l'A n'est pas changé en I mais en [ou] patakakouahountch si on l'atache en persant ou vous voyés quil ne faut pas dire patakakouhouintch.

Le verbe en Aoua impur garde la regle generale v.g. pamitaoua on luy obeyt dites pamitaouintch si on luy obeyt.

Notés

quil est clair que toutes les premieres et secondes personnes de l'indicatif et du subiunctif du verbe medium dont il est icy question se forment du passif ignoble mais qu'aiant les mêmes terminaisons ou finales et le verbe neutre qui a pour figurative [ou] il faut necessairement le raporter a la premiere coniugaison pour la terminaison de toutes les finales des premieres et secondes personnes et les coniuger par exemple comme l'on coniugaroit nipour. Je crains ou je mange de ... ou bien comme le paradigme du verbe nitibevindis — Je me gouverne moy mesme et le reste comme l'on pourra voir dans la coniugaison de tout ce verbe que nous avons mis tout au long en son lieu.

Pour les 3mes personnes nous venons d'en donner la regle.

Venons maintenant a celles du verbe Impersonnel.

Du verbe impersonel

Ches les latins le verbe impersonel est celuy qui n'a que des 3mes personnes singulieres : les Algonquins prennent autrement le verbe impersonnel de sortes, le verbe mesme que nous apellons proadiectif ou tenant la place du nom adiectif, si l'on peut dire ainsi, se reduit au verbe impersonnel, bien qu'il ait les 3mes personnes au plurier aussi bien qu'au singulier au contraire du verbe impersonnel latin qui n'a que les 3mes personnes au singulier. v.g. Je diray pour donner un exemple d'un verbe proadiectif.

ourichichitch. Beau.
ourichichitchik. Beaux.

Il y a de deux sortes de verbe impersonnel. L'un de la voix active. v.g. poenitet.
~~L'autre de la passive. [illegible]~~

Nos Algonquins expriment cette sorte de verbes impersonnels par des verbes personels v.g. poenitet. Je me repens. ils disent nikachevint. Je suis triste. kikachkevint. tu es triste. kachkevindam. il est triste.

L'autre sorte de verbe impersonnel qui est de la voix passive v.g. amatur. on ayme. q. les françois expriment par On. nostre langue sauvage s'explique par une sorte de verbe qui se termine en f kanioüan. v.g.

sakitananiouan. on s'entr'ayme.

Pour les autres verbes qui sont purement impersonnels ches les latins et qui ne sont ny de la voix active, ni passive nous les exprimons simplement par des 3mes personnes du singulier. v.g.

pluit. il pleut. = kimiouan.
grandinat. il grele. sesegan.
Tempestat. il fait gros vent. Routen. outtan.
ningit. il neige. Mipoun vel. sokipoun.
il neige beaucoup.
dies est. il est iour. kigigat
nox est. il est nuit. tibikat.

Il faut remarquer qu'il y a des verbes impersonnels nobles et ignobles de la mesme façon q. nous avons dit des verbes personnels, parce q. le verbe qui est proprement impersonnel n'a point de nominatif devant soy, ny de cas apres et cette sorte de verbe impersonnel est noble,

le verbe impersonnel proadiectif ou qui tient la place de l'adiectif (nostre langue n'ayant point d'adiectif comme nous avons dit ailleurs) peut estre appellé verbe impersonnel ignoble par ce qu'il a tousiours un nominatif ignoble. v.g.

Le couteau est rompu. dites mokman pikouchka.

Les couteaux sont rompus. dites mokmaner pikouchkar.

Remarque de ce qui est commun au verbe impersonnel

Tout ce qui est commun au verbe personnel, l'est presq. aussi au verbe impersonnel.

67

31

—

1° Le Moeuf. l'indicatif. l'imperatif. L'optatif, et le subiunctif.

2° Le Temps. mais a l'indicatif il n'a point d'aoriste et l'imparfait de l'indicatif est le mesme que l'imparfait du subiunctif.
et a l'imperatif il n'a point de futur. dans le subiunctif on ne se sert point ny du present second, ny du second imparfait.
~~et remarquez que~~ tous les temps sont formés l'un de l'autre comme chez les verbes personnels.

3° Il n'y a que les 3mes personnes dans les verbes impersonnels.

4° le nombre est seulement sing. et pluriel, il n'y a point de duel comme chez les verbes personnels.

5° Il n'y a qu'une seule Coniugaison quoy qu'on donne exemple de deux paradigmes pour le verbe impersonnel. et cette seule Coniugaison doit estre rapportée a la premiere Coniugaison du verbe personnel. de maniere si le verbe Impersonnel se termine en. A. il sera coniugué comme le verbe personnel qui aura cette figurative, et ainsi des autres terminés ou en. E. ou en I. ou en. OU. chacun selon la figurative qu'il aura.

Mais le verbe Impersonnel qui se terminera en. M. ou en. N. ou en. I. se coniugera comme le verbe Neutre personnel terminé en. AM. ou en. IN. impur. — c'est a dire qui aura une consonante devant cette finale AM. ou IN. comme l'on pourra voir dans le second et 3me paradigme ou exemple de la premiere coniugaison du verbe neutre personnel. dans lequel paradigme ~~[illegible]~~ l'on verra que cette sorte de verbes neutres personnels terminés en AM. ou en In. impur prennent comme pour leur configurative. — M. et. N. de mesme aussi les verbes impersonnels ne perdent point dans aucun temps ny personne, ny moeuf L'M. ou l'N. ou le. T. qu'ils retiennent comme leur configurative. voyés le paradigme. et

Exceptés de cette — derniere Regle les verbes — impersonnels terminés en. ON. et en. AT. car ils perdent les uns leur. N. et les autres leur. T. final au subiunctif.

6° La figure est simple et — composée. exemple de la — simple figure.
pikoucha cela est rompu
exemple de la figure — composée
papa=pikoucha cela est toujours rompu

7°

Enfin lespece ou la forme est — commune aux verbes impersonnels — La primitiue et la Deriuée.

La primitiue v.g.

Takihitinaniouan.. on sentrayme.

La Deriuée v.g.

Sakihitinaniouan=ouzen.

On sentrayme = asseurement.

REMARQVE

pour scauoir d'ou est formé le verbe ipersonel) quelques uns sont leur propre Racine et primitif par exemple les suiuans Terminés en voyelles :

Pikouch A . . . . cela est rompeu

AtE . . . . cela est La .

Kinikpuré cela est pointu .

MiroasI . . . cela va bien .

INOU . . . . cela est ainsi

ces suiuans terminés en consonante sont encore leurs propres racines et primitiff

Kinouabegat. cela est long comme une corde

Sakitin — — cela est accroché .

Tagon — — il yen a .

pakouaham la glace est rompeue .

Matchikatchiouan. cela est mauuais.

D'autres verbes impersonnels — sont deriués et formés comme Jay dit en passant ailleurs du nom substantif dont se forme un verbe impersonnel substantif . v.g . de ce mot

Iskouté . du feu . est formé — iskouté ouan . il y a du feu . en — adioutant . ouan . seulement si le substantif se termine en voyelle . mais s'il se — finit en consonante il faut adiouter apres la consonante , iouan . v.g .

mokman . couteau .

mokman = iouan . c'est un couteau ou il y a un couteau .

2°. de tout verbe neutre on — forme un impersonnel adioutant — apres la figuratiue Naniouan . v.g . de Sakega . il est superbe . dités Sakega = Naniouan . on est superbe .

quelques verbes neutres qui ont E . pour figuratiue changent cet E . en A . v.g .

pimousé . il marche . dités pimous = Ananiouan . on marche . et non pas pimousénaniouan .

Remarqués que les verbes neutres qui ont . Ke . a leur figuratiue en la 3me personne du singulier du — present de l'indicatif changent KE . en . ga = et adiousent comme les autres . Naniouan . desorte q' le . K . semble estre un . g . et l'e est changé en A . v.g .

Tourchike . il fait souuant . dités Tourchiga = naniouan . on fait souuant .

Remarqués enfin que le verbe impersonnel terminé en. Magat. est formé de tout verbe neutre adioutant apres la figurative. Magat. qui servira de marque de metaphore pour appliquer une signification noble a une chose qui n'en peut auoir de noble. par exemple on dira Sasega magat Assin. elle est superbe. — la pierre. ce mot ne se peut appliquer a une pierre que par metaphore. car une pierre ne peut pas estre superbe. X. nous dirés aussi.

Papi=magat=assin. Ait
Pimoufé=Magat=Assin le couronne } la pierre.
Pourou=magat assin. la pierre manque de cœur..

Le verbe proadiectif

Impersonnel se termine ou en voyelle ou en consonante M. N. T. nous donnerons des exemples et des paradignes de tout bien au long::

Il faut maintenant expliquer icy une autre difficulté d'importance touchant les verbes personnels, et impersonnels qui se forment les uns des autres, et comme les grecs appellent les temps qui se forment des autres temps les temps naissent ensemble. Cognata Tempora. c'est a dire qui ont la mesme figurative de mesme je pretens icy appeler les verbes dont je dois traiter les verbes, nais en mesme temps ou pour me mieux expliquer en Latin je les appelleray Cognata verba. des verbes formés les uns des autres ou nais ensemble. et par ce que le nombre en est presque infiny et que la chose seroit un peu trop embarrassée

je les diviseray en deux classes pour rendre la chose plus claire

Dans la premiere classe je parleray des verbes primitifs ou faits deux mesmes, c'est a dire des verbes qui sont proches parens les uns des autres. La seconde classe produira les derivés des primitifs que nous faisons descendre des premiers comme de leurs racines.

Chapitre Ier
Des verbes primitifs de la premiere Classe

1°. Du verbe neutre est formé le verbe Actif . ignoble . v.g
de . Nitiberint . Je gouverne est formé
Nitiberindan . Je gouverne cela . — changeant . T . en . dan .
de nipimous . Je marche est formé
nipimousaton . Je fais marcher cela . en adioutant . Aton .

Remarqués que presq' de tout — verbe neutre on forme le verbe — impersonnel selon la regle q' Jay donné .

Le verbe q' nous appellons verbe effectif se forme du neutre par exemple nipimousaton . comme Je viens de dire de Nitap . Je suis assis 3e . I . api . il est assis . ca fait le verbe effectif .
Nitapiton . Je fais asoir cela . adioutant . Ion . apres la figurative .

Le verbe Actif Noble effectif est — formé de cet autre verbe actif — ignoble . v.g .
de nipimousaton . dités
nipimousaka . Je le fais marcher changeant . Ion . en . ha .
de nitapiton . dités
nitapika . Je le fais asoir .
changeant . Ion . en ha .
exceptés quelq' verbes terminés en . chin . qui n'ont point leur verbe — noble effectif en . ka . mais en Ma changeant . N . final en . MA . v.g .
Nitagochin . J'arrive . fait
Nitagochi Ma . Je le fais arriver .
niouanichin . Je m'egare . fait
niouanichiMA . Je le fais egarer .
Le verbe ignoble actif effectif fait
nitagochiton . Je fais arriver cela
niouanichiton . J'egare cela . ou nous voyés q' l' N . final du verbe neutre est changé en — Ion . v.g . nitagochi-N . nitagochi-Ion . V .

quelques verbes neutres sont steriles car on ne peut — former d'eux aucun verbe — Actif ignoble .

2°. 1° Du verbe Actif ignoble est formé le verbe Actif noble — primitif . v.g .
de . nitiberindan Je gouverne cela est formé le verbe noble actif primitif
nitiberima . Je le gouverne .
Changeant . Ndan . en . Ma .
2° le verbe derivé ~~em~~portant la signification du pronom relatif ignoble est formé du verbe actif ignoble . v.g .
de . nitiberindan . Je gouverne cela est formé le verbe actif ignoble derivé ~~em~~portant la signification du pronom relatif ignoble . v.g . de nitiberindan nous dirés . nitiberindamouan . ou mokman
Je gouverne — — son couteau
changeant . l' N . final — en . mouan .

Remarqués encore que de ce dernier verbe derivé ignoble actif se forme le verbe noble actif aquisitif q[ue] les francois expriment par la particule pour. et les Latin. par. pro eo. v.g.

Je diray en francois. par exemple

Je gouverne pour luy son chien
nitiberindamaoua outaier

Les latins diroint. rego illius canem pro eo.

De ce dernier verbe Aquisitif se forme son derivé noble Actif appellé le vicaire de lautre, comme qui diroit — Tenant la place ou faisant pour un autre. lieutenant. v.g.

De nitiberindamaoua se formera. nitiberindamaouaKilla qui signifie. Je le gouverne suppleant a sa place, ou a son nom. autre exemple. du verbe nitaouen J'achepte cela, se forme le verbe nitataoueouan. oumokman v.g. J'achepte — — son couteau. de ce dernier verbe nous formerés nitataouarilla. Je lachepte suppleant a la place de x celuy qui achepteroit.

3° Du verbe Actif Noble est formé le verbe passif Noble.

en changeant. A. final en. IK. v.g. de nitiberima. Je le gouverne. dites nitiberimik. il me gouverne.

Remarqués comme nous avons dit ailleurs que dans les verbes nobles actifs terminés en. choua, Koua, soua. L'A. final se change seulement en. K. v.g.

nimanichoua faire nimanichouk
Je le coupe — — — il me coupe

nipaKitehoua. nipaKitehouk
Je le batz. — — il me bat

nimetisoua. nimetisouk
Je le brule — — il me brule

Mais le noble actif qui se termine en /Aoua/ impur cest a dire quand une consonante precede Aoua. oua final se change en. K. seulement. v.g.

nipamitaoua. dites. nipamitaK
Je luy obeys — — — il m'obeyt

Du mesme verbe Noble actif se forme encore un autre facon de verbe noble Actif qui a la signification du pronom relatif Noble d'iceluy en changeant A final en Imar. v.g. nitiberimA. Je le gouverne dites par exemple. nitiberimImar. outeim Je gouverne. son ay

Enfin du verbe noble Actif et de la seconde personne du plurier du present de l'imperatif est formé I°. le verbe neutre actif. seconde person ou tu me. v.g. de Tiberimik gouvernés le

+ 72

quatrieme Caier de la Grammaire Algonquine

es revbu

dités Ki=tiberim. tu me gouvernés
ou nous voyés quil faut mettre —
la marque de la seconde personne
et reietter . ik final.
Les verbes en choua. houa —
soua. reiettent seulement K.
et admettent aussi la marq de la 2 persone
v.g. Manichouk. coupés le.
Kimanichou. tu me coupes
pakitehouk. Battés le.
Kipakitehou. tu me batts.
metisouk. Brulés le.
Kimetisou. tu me brules
Les uerbes en toua. impurces. a dire quand une consonante precede toua. gardent la —
regle generale admettant
Tousiours la marque de la
seconde personne et reiettant. ik final. v.g.
pamitaouik. obeyssés luy
dités. Ki=pamitaou. tu m'obeys.
du mot minch. donne luy
se forme Ki=minch. tu me donnes
2°. de cette mesme 2de. —
personne du plurier du present
de l'indicatif actif noble —
Tiberimik. par exemple
se forme le uerbe neutre
Actif indefiny ou indeterminé
changeant. K. final en —
oué. qui sera la finale de
la 3me personne du singulier du present de l'indicatif
v.g. de Tiberimik
dités. Iberimi=oué
il gouverne quelqun
La premiere personne aura
nitiberimiou. Je gouverne —
quelqun.

. cette personne sera formeé
de tiberimik. ayant pris
La marque de la personne
et change . K. final en
ou. v.g. tiberimik. dites
nitiberimiou. &.

Regles de la formaison des Verbes Alies De la 2de. Classe

1°

Il faut scauoir q du uerbe
Noble passif se forme le uerbe
neutre passif Indeterminé
ou indefiny en changeant
le . K. final. en . g. et
aioutant . ou apres le g.
. v.g. de nitiberimik.
il me gouuerne
nous dirés. nitiberimigou
on me gouuerne
ce uerbe ce peut aussi appeller
le uerbe medium come
J'ay dit ailleurs.

2°

Le uerbe ignoble passif
est forme du uerbe noble
passif. exemple de —
nitiberimik. il me gouuerne
dités nitiberimigoun. aiamiheouin
Je suis gouuerné de la priere ou
du christianisme
Du uerbe ninisik. ~~[illegible]~~
il me tué. ~~[illegible]~~.

75

37

— 2

Dités
ninisigoun. chimagan.
elle même. lespée.
en changeant le K final
en, goun, vous avés le —
verbe passif ignoble formé
du verbe passif. Noble
v.g. ninisik. ninisigoun.

3°

Le verbe neutre instrumental
s'il m'est permis de parler ainsi
est formé du verbe passif —
noble adioutant. E. apres
le. K. final. et reiettant la
marque de la personne on —
aura instement la 3me —
personne du sing. du present de lindica—
tif du verbe instrumental.
Par exemple du verbe —
passif noble. nitakounik. il me tient prent
dites. takouniké. il tient ou prent avec instrument.

4° de la 3me personne du sin—
gulier du present de lindicatif
du verbe instrumental se —
forme le verbe Actif —
instrumantal ignoble v.g.
takounike. dités —
nitakouniken. mokman
Je tiens avec instrument. le couteau
adioutant. n. apres le. K.
final et admetant la marq.
de la personne.

5° de ce verbe actif
ignoble instrumantal se forme
le verbe Actif noble. —
instrumantal. adioutant
A. apres N. final du —
verbe actif ignoble v.g.
de. nitakouniken. dites
nitakounikenA. akim
Je tiens avec instrument. la raquette.

6°. Du verbe passif —
ignoble se forme le verbe
habituel ou d'habitude
en changeant la finale
K. en. gous. v.g. de
nitakounik. dites —
nitakounigous.
Je suis habituellement tenu.
et ce verbe aura un I —
pour figurative a la 3me
personne du singulier du —
present de l'indicatif v.g.
Takounigousi
il est habituellement Tenu.
et tous les verbes de cet espece
ont. pour figurative cette
regle n'a point d'exception
et ce verbe se coniuge comme
les verbes neutres qui ont i —
pour figurative.

7° De la 3me personne
du premier present du singulier
du subiunctif passif noble se
forme le verbe neutre passif
secondopersonnel ou de te v.g. de
Tiberimik. s'il te gouverne —
changés. K. final en. B. et admetés
la marque de la seconde personne.
Ki. et vous aurés Kitiberimir
Je te gouverne
voyés le reste dans le paradigme.

+

Les verbes en choua. houa soua. changent aussi le K. final en R. de — manichouk. s'il te coupe dites Kimanichour. Je te coupe de pamitouk. s'il t'obeyt: dites Kipamitour. Je t'obeys. De. metisouk. s'il te brule. dites. Kimetisour. Je te brule.

Les verbes en houa qui ont une consonante devant houa. Comme. nipamitaoua qui a un. I. devant aoua gardent cette regle comme l'on voit dans l'exemple precedent.

De. pakitehouk. s'il te bat dites. Kipakitehour. Je te bats

8°

De la premiere personne du singulier de l'indicatif passif noble, se forme le verbe reflexif sur soy mesme en changeant le K. final en itis. v.g. nitakounik. il me tient. dites. nitakounitis. Je me tiens moy mesme, et la figurative est tousiours un. OV. v.g. Takounitisou. il se tient soy mesme. les verbes en, choua, houa, soua. gardent la mesme regle. v.g. dites

nimanichoutis. Je me coupe moy mesme.
nipakitehoutis. Je me bats moy mesme.
nimetisoutis. Je me brule moy mesme.
nipamitaouitis. Je m'obeys a moy mesme.

ce dernier est excepté comme vous voyés changeant son. K. final en. ouitis v.g. de nipamitak dites nipamita-ouitis les autres verbes en houa impur comme celuy cy garderont cette derniere Regle [+] &c.

Et remarqués q. les verbes neutres terminés en. erint. v.g. nitibevint. ont dis. a la fin — changeant T final en. dis v.g. nitibevint aura nitibevindis. 3.8. Je me gouverne moy mesme.

9°

Remarqués enfin q. de ce dernier verbe reflexif sur soy mesme se forme le verbe Mutuel plurier changeant. S. final en. Mim. v.g. de — nitakounitis. dites nitakounitimim nous nous entretenons tous deux.

Tous les autres verbes suivent cette Regle.

Derniere remarque sur les formaisons des verbes.

quoyq. j'ay donné des exemples de toutes les formaisons il — faut scavoir encore q. de chaque verbe formé d'un autre on peut fort elegamant former presq. toutes les especes des verbes q. je viens de remarquer v.g. d'un verbe finy en imar — rissa. &c. on pourra dire nipakitehouarissitis &c. ainsi des autres.

+

Il semble qu'apres tant de remarques sur les verbes il faudroit mettre icy les paradigmes de toutes les facons des verbes: mais comme il y a encore une grande liste de remarques a faire sur les mesmes verbes J'ay creu qu'il valoit mieux les mettre toutes en un endroit pour ne pas donner tant de paine au lecteur ce sera assez qu'il trouve les paradigmes des noms et des verbes ailleurs dans un seul Caier au commencement de tous louvrages + aux quels il s'attachera particulierement devant q[ue] d'entreprendre de scavoir tant de regles qui non seulement le brouilleroint: mais peut estre le desgousteroint au lieu que s'il s'attache devant toute autre chose a aprendre sans facon les declinaisons et les coniugaisons il aura l'avantage d'entendre clairement et sans paine tous les secrets et les difficultés de nos Regles.

Poursuivons donc nos Remarques generalles et particulieres sur toutes les difficultés apres quoy nous donnerons les autres parties de l'oraison avec la veritable construction des mots pour paler comme les sauvages

Apres tant de remarques en voicy une des principalles touchant les participes du Temps passé, du present et de l'aduenir

REMARQUES sur les participes.

Le participe du Temps passé s'exprime par les personnes du subiunctif avec la note de la personne ou la particule Ka ou Kich ou Kach. Comme s'ensuit par exemple Je voudray dire

moy qui ay disposé de moy. Je diray des 3. facons suivantes

Nir { Kich / Kach / Kakich } tiberindisouian. moy qui ay disposé de moy

et ainsi des autres personnes du sing. ou plurier

Le participe du Temps present s'exprime par les mesmes personnes du subiunctif de 3 facons

1° avec la marque de la personne

2° avec la particule Ka.

3° avec l'augment ou le changement de lettres voyelles

par exemple si vous voulés dire

moy qui suis superbe dites

Nir { Kasasegaian. ou bien seulement / Kasasegaian. reiettant la note de la personne / ou bien dites simplement

Sesegaian changeant a. en. é.

Le participe du futur ou du Temps avenir. s'exprime par les mesmes personnes du subiunctif avec la marque de la personne. et la particule. Ke. qui denote le Temps avenir. par exemple si vous voulés dire. moy qui disposeray de moy. Dites. Nir. Ke. tiberindisouian. ou bien. Ke tiberindisouian simplement sans autre facon.

+

Remarques

Sur la mutation ou changement des voyelles
Sur l'augment du Temps ou des syllabes

A. se change en E. et IA. v.g. dites
papamousé . il marche . pepamouseian . ~~[illegible]~~ moy marchant .
papi . . il rit . . . piapian . . . . moy riant . . .

I. se change en A. et E . v.g. dites
nikiouskoueb . Je suis yvre . Kaouskouabian moyestant yvre .
nitirerint . Je pense . . . ererindaman . moy pensant .

OV. se change en ouia et oué . v.g. dites .
niouabantan . Je vois . . . Ouiabantaban moy voiant . .
nikoutan . . Je crains . . Kouétaman . moy craignant .

Pour l'augmant des syllabes il n'y a qu'a mettre
La voyelle E devant A . v.g. dites .

Aiamihaian . si je prie . Eaiamihaian . moy priant .

J'ay deja dit q la particule

ou { Kat. / Kativakich } servoit pour exprimer l'optatif . v.g .

ou { Kat / Kativa Kich } pimouseian . dieu veille ou pleut a dieu q je marche .

La particule Kich . ou Kach . est une marque du Temps passé et exprime par les Temps du subiunctif ces locutions suivantes . quand . si j'avois . lors q j'auray aymé v.g.

Kich . ou . Kach : tiberindaman . quand j'auray gouverné .
par le present du subiunctif .
Kich . ou Kach . tiberindamanzen . si j'avois gouverné .
par le plus q parfaict du subiunctif .
Kich . ou . Kach tiberindaman . lors q j'auray gouverné .
par le present du subiunctif .

79

41

+

Par la particule

Ekaka. on exprime en tout temps et en toute personne se servant du subiunctif l'exclamation francaise.

ha que ne fis-je
ha que ne fis-tu
ha que ne fait-il. v.g.

Ekaka. toutaman.
ha si ne fais-je

Par la particule -

ET. mise a la fin des personnes du subiunctif on exprime le verbe oportet. — il faut, il faloit &c

v.g. il faloit q. je gouvernasse

TiberindamanET.

TiberindisouianET.
il faloit ou je devois disposer de moy mesme. et ainsi des autres personnes et temps.

La Locution francaise suivante s'exprime par une finalle en ghir. ~~[illegible]~~ v.g

C'est une chose tres difficile de gouverner.

TEbevintinghir. arimat. où vous remarqués deux choses la mutation de lettre et la finalle ghir.

remarqués aussi les Locutions suivantes que l'exemple suivant et l'usage vous aprendront les regles seroint trop ennuyeuses.

apres avoir gouverné. dites
Kich=tiberintinghir.
Ke=tiberindamen. qui gouverneras.

Kir. ke. sakitouien. nisi
toy. qui. aymeras - - dis je

Ougasakiton. kitirerimir.
il aymera. . pense je de toy.

Exprimés le gerondif en. do. selon les 4. facons suivantes vous servant des changemens des voyelles ou de la particule. he. ou. hech. ou kechke. avec les differentes personnes et temps du subiunctif. v.g. dités

Tebevindaman hetiberindaman hechtiberindaman kechketiberindaman	moy+ en gouvernant. ou lors je gouverne.

Exprimés le gerondif en. di. comme s'ensuit changeant selon la personne q. vous faires parler. v.g. dités

he miroui tiberindang avoia nikikerindan
entant q. bien gouverna quelqun je le scay

Exprimés le gerundif en. dum. comme s'ensuit. changeant aussi selon la personne qui parle ou qu'on fait parler v.g. dités

afin q. tu gouvernes bien soissage
Kitchi miroui tibevindamen kakitaouerindai

Le supin en Tum

s'exprime avec la particule | chai | et le futur de l'indicatif selon la personne qui parle. v.g. je vay gouverner. ou je gouverneray. dités chai | nigatiberindan
c'est fait. je gouverneray

Le Supin en V. s'exprime
auec la particule . chachai.
et le preterit parfait de l'indicatif
selon la personne qui parle. v.g.
Je viens de gouverner . dites
Chachai nikichtiberindan.

REGLES Tres importantes pour
sçauoir les grandes difficultés qu'il y a de bien
appliquer les negations propres a chaque
differences de Verbes . remarqués q. come
La langue francoise met deuant une partie
de sa negation et postpose l'autre au verbe Come
Je m'en vay faire voir par exemple nostre langue
Conuient en partie en cela a la langue francoise
mais auec cette difference que le francois met
tousiours la derniere partie de sa negation ala
fin du verbe nostre langue sauuage le fait aussi
en plusieurs personnes mais nompas en toutes puis
quelle met touiours la derniere partie de sa negation
apres la figuratiue du verbe et prent apres
cette derniere partie de la negation la finalle
de toutes les personnes qui sont differentiées et par
cette finalle et par la marque de la personne
quelle prent, a laquelle il faut tousiours preposer
La premiere partie de la negation qui
est . Ka . et SI . La derniere partie dans
Les indicatif seulement, et dans les uerbes q. Je
marqueray et nompas dans les autres . une personne
seule de tous les imperatif prent . Si . comme vous
allés uoir dans les exemples .

Les negations des Imperatifs sont differ=
entes de celles des indicatif . Eka . au commen=
cement de la personne des imperatif et Ken ou
bien . Iekem . a la fin des mesmes personnes sont
les marques des negations de limperatif vous
remarqueres dans les exemples les differences de
l'application des negations qui deuront estre tousiours
appliquées aux uerbes q. Je marqueray et nompas
a d'autres en sorte q. chaque espece de uerbe a son
espece aussi toute particuliere de negation Toute

differente lune de lautre et lon manqueroit a leconomie de La langue si on en uzoit autrement et on ne seroit pas entendu des sauvages

Tous les subionctif nont point dautre negation que la particule Eka qui se prepose tousiours au verbe et a la persone quon voudra faire parler. on ne postpose rien au subionctif pour la marque de la negation. voyes icy des exemples de tout ceq je viens de dire Taches de bien faire le discernement et appliques tout selon les regles precedentes dans les paradigmes des verbes que jay mis au long ailleurs.

Negations des Indicatif

et exemples de lapplication des Negations propres a chaque espece des verbes.

Ka=nitiberindisou=si . . . . . Je ne me gouverne pas moy mesme
Ka=kitiberimigou=si . . . . . . On ne te gouverne pas.
Ka=kitiberimi=si . . . . tu ne me gouverne pas.
Ka=oupiremi=si . . . . il na point de perdrix.
Ka=noumkimaoui=si=min . . . Nous ne sommes pas Capitaines.
Ka=kitaberouchensioui=si=min . . nous et nous ne somes pas enfans.
Ka=kitiberimigou=si=naoua iskouteabou. leau de vie ne nous gouverne pas.
Ka=ousakihigou=si=ouar. . . . ils ne layment pas.

Remarqués que les verbes que je viens de donner pour exemple prennent seulement Ka. si. pour marque de negation a leur indicatif Tous ceux qui seront de mesme espece auront la mesme negation a lindicatif et non pas les autres dont voicy les differences Car les suivans prennent chacun selon son espece des marques de negations differentes remarqués les et donnes tousiours les mesmes a chacun selon son espece autrement vous manqueriés: car les uns prennent

Ka=sinou. dautres. Ka=insinou. et dautres Ka=sirou dautres Ka=soua. ou Ka=sioua. ou Kasi. mais rarement voyes les exemples suivans et distingués dans la signification françoise La difference de lespece de chaque verbe pour appliquer a dautres les negations propres a chaque verbe. aussi bien qs dans les precedens. cecy paroistra difficile et seurement il lest luzage de la langue rendra la chose aiseé

Exemples des autres negations des indicatif apliquées a chaque espece des verbes avecqui elles doivent estre tousiours iointes et nompas a dautres.

Ka= iskouteouan= sinou= ban. il ny avoit point de feu. - - -

Ka= mokmaniouan= sinou= ban. ce néstoit point un couteau. . -

Ka= papinaniouan= sinou= ban. on návoit pas ry. - - - -

Ka= i= até= sinou= ban. - - - - cela ny estoit pas. - - - - - -

Ka= kinisitoutou= sirou= nában. Je ne tentendois pas. - - - - -

Ka= kipamitaoua= soua= sioua= si= ban. tu ne luy obeyssois pas. - - - -

Ka= oupamitaoua= soua= sioua= si= banir. il ne luy obeyssoit pas. - - - -

Ka= kikikerima= soua sioua si - - } - - - - tu ne le connois pas. - - - -

ce verbe impersonnel suivant a une petite exception car il faut dire.

Ka= j= ariman= sinou. au lieu quil faudroit dire.

Ka= j= arimat= sinou. ou vous remarqueres que le T. du mot <u>arimat</u>. ce change en N. il faut donc dire.

Ka= j= ariman= sinou. - - - cela néstpas difficille.

Tous les autres Impersonnels terminés en T ne changent rien. v.g. Ka= pimoutemagat= sinou. affin. ne marche point - - - la pierre.

Exemples des Negations des Imperatif

ou comme ailleurs vous remarqueres les differences des aplications des negations apliquées chacunes selon la difference des verbes.

Eka= sakitou= Ken. - - - - náyme pas cela. - - -

+

EKA = Kitouk = égon . . . ne parlés pas . remarques q[ue] dans les imperatifs de tous les verbes exceptés les — verbes nobles ces mesmes personnes que celles de — lexemple que je mets icy prennent . égon . en la mesme coniunctive . Autre remarque particuliere a limperatif et seulement pour la premiere personne du plurier du present qui pour marc de sa negation prent Eka . au commencement et insere . si . deuant TA . final . v.g . Je diray . pimouséta . marchons . et pour dire . ne marchons pas . Je diray .

Eka = pimousé = si = TA . et ainsi des autres .

Les verbes Nobles ont pour leur negatiue a limperatif . eka . au commencement comme les autres . et ieken a la fin .

v.g . eka = parouchi = ieken .
ne luy parlés pas . cette Regle est generale pour tous les verbes nobles en . ra . houa . choua . souas et àoua . impur . les verbes finis en ma ~~font exceptes~~ gardent le mesme . v.g . Je le Connois . nikikerima . dites eka = kikerimieken . ne le connoissés pas où vous voyés q[ue] l'A . final se pert et vous ne dirés pas eka = kikerimA = ieken . ou bien sans autre façon souuenés vous q[ue] ces verbes perdent A . a limperatif et faites leur suiure la regle generalle .

Les verbes en . aoa . impur . comme pamitaoua . Je luy obeys font a la seconde personne du plurier . pamitaouik . obeyssés luy — si vous voulés dire ne luy obeyssés pas . dites eka = pamitaoui = e . où vous voyés quil faut inserer un . E . deuant le . K . final et — adiouter apres ce . K . en . v.g . eka = pamitaoui = e = k = en .

Negations du subiunctif

Tous les subiunctif en tous temps et personnes ne recoiuent qu'un EKA . pour negation au commencement de la persone voicy un exemple qui seruira pour tous les verbes ✗

eKA = riberindisouien . si tu ne te gouuernes pas Toy mesme ✗ .

+

+ les verbes terminés en in prennent Imich. apres toutes les personnes v.g. Nipankichin/michk [illegible] souvent

Remarques pour former

Les verbes frequantatif ou qui signifient quon faict quelq chose souuant. D'un verbe commun neutre vous en ferés aisement un verbe frequantatif. En seruant apres la figuratiue du verbe pour les premieres et secondes personnes ~~[illegible]~~ la particule Michk. pour les 3mes personnes il faut se seruir dela particule chki quon adioute apres la figuratiue. v.g. Je dirray

ni / ki { papi=Michk { Je / tu Ris souuant.

papi=chki. il rit souuant ou il a coustume de rire. il s[illegible]

Les premieres et secondes personnes du plurier prennent La particule Michki. v.g. les 3mes gardent la regle du singulier. le preterit imparfait prent aussi. Michki adioutant le dernier. j. pour euiter la cacophonie +

Remarques pour former

Les verbes affirmatif ou qui signifient quon assure. Comme les frequantatifs prennent la particule sus nommée ceux icy prenent la particule Mizen apres la figuratiue. v.g. nipapimizen Je ris seurement. a la troisieme personne ils prennent. Zen seulement v.g. papizen. il rit assurement. les 2 premieres personnes du plurier prennent/azen/ en quelq verbes. v.g. nipapimin=azen nous rions seurement &. les verbes en chin prennent jmizen. v.g. nipankichin=jmizen. Je tombe certainement.

Remarques pour former

Les verbes dubitatifs, ou de doute. ces verbes se forment du verbe neutre adioutant apres les figuratiues Mitouk et Touk pour les troisiemes personnes. v.g nipapi=mitouk. Je ris peut estre. papi=touk/ il rit peut estre. les verbes en/chin/ prennent. imitouk. v.g. nipankichin=imitouk Je tombe peut estre.

Remarques pour former ✗

Les verbes Sub auditifs ou quand on entend entant que la chose : ces verbes prennent apres la figurative du verbe neutre — [illegible] mitit et tit pour les troisiemes personnes v.g. nipapimitit il me semble qu'il semble je m'entre entens rire. papi=tit. — il me semble l'entre entendre rire — les verbes en chin prenent imitit et itit aux troisiemes personnes. nitagochin=imitit. il me semble que je m'entre entans arriver. Tagochin=itit il me semble que je l'entre entans arriver.

Remarques pour former

Les verbes diminutifs. Les verbes se forment des verbes — neutres en adioutant. mich apres la figurative, et en — adioutant chi aux troisiemes personnes v.g. nipapi=mich je ris un peu. papichi il rit un peu. Les verbes en chin prennent. imich. v.g. nipankichin=imich je tombe un peu.

Notés que tous les verbes ignobles actifs, et passifs inserent entre la figurative et N. final dans les premieres et secondes personnes. chi v.g. nisakitou=chi=n. J'ayme cela un peu. les verbes finis en. an prenent. chin apres cet an. v.g — — nitakounan=chin. Je touche un peu cela.

Les verbes nobles actif prenent apres la figurative ouich. v.g. nisakiha=ouich. Je l'ayme un peu.

Le verbe noble passif apres la finale des premieres, et des secondes personnes du present du sing. de l'indicatif ✗. qui est. gou prent. ch. v.g. nisakihigou=ch. il m'ayme un peu. et aux troisiemes il prent chi. v.g. ousakihigou=chi. il l'ayme un peu. — — — — — —

Regle generalle.

On remarque dans les noms, et mesme dans les — pronoms les marques, du diminutif. de l'affirmatif, du doute, et de la subaudition. si on peut parler ainsi. voyés les exemples suivans. .

Noms

sing		plur	
arimounch	petit chien	arimouncha	petits chiens
àrimouizen	un chien assurement	arimouizenik	des chiens assurement
arimouitouk	un chien peut estre	arimouitoukenik	des chiens peut estre
arimouitit	semble estre un chien	arimouititinik	semblent estre des chiens

Pronoms nobles

sing		plur	
nitaimich	mon petit chien	nitaimicha	mes petits chiens
nitaimizen	mon chien assurement	nitaimizenik	mes chiens assurement
nitaimitouk	mon chien peut estre	nitaimitoukenik	mes chiens peut estre
nitaimitit	semble estre mon chien	nitaimititinik	semblent estre mes chiens

Pronoms ignobles

sing		plur	
nimokmanens	mon petit couteau	nimokmanensa	mes petits couteaux
nimokman=izen	mon couteau assurement	nimokmanizenik	mes couteaux assurement
nimokman=itouk	peut estre mon couteau	nimokmanitoukenik	peut estre mes couteaux

Regles des figuratives & des verbes Anomeaux

nitinta. J'y suis. E. est la figurative des troisiemes personnes. 3a. Té il y est.
nisagas. Je petune, je fume. E. est la figurative des troisiemes personnes sagasoué. il fume.
ninipa. Je dors. a la troisieme il a nipé. il dort.
Toutes les autres personnes de ces 3. verbes ont. A. pour figurative
v.g. nitintamin. nous y sommes. nisagasouamin. nous petunons.
ninipamin. nous dormons. et on ne dit pas. nitintemin. nisagasouemin,
ninipemin.

+

49 ninip. Je meurs la troisieme a nipoua. il meurt |ou| est la figurative dans les troisiemes personnes de l'indicatif, imperatif subiunctif eu egard au second present et au second imparfait, toutes les autres personnes ont İ. pour figurative. v.g. ninipimin. nous mourons et on ne dit pas ninipouamin.

Nitiia. Je vay a ala troisieme personne [igi] il va İ. est la figurative dans les troisiemes personnes de l'indicatif : v.g. igiouek ilz vont. igiban. il alloit; igibanik. ilz alloient &c.

[A] est la figurative des autres personnes v.g. nitiiamin. nous allons.

Regles de l'augment des subiunctifs des verbes Anomeaux.

Le verbe. nitint | Je fais ou Je suis fait. a au present du subiunctif. entian. si Je fais ainsi. entien, si tu fais ainsi. entik. ou. entigi. ou encore entighir. s'il fait ainsi.

Le verbe nitinta, J'y suis. fait entaian. si J'y suis. ou chez nous entaien, si tu y es, ou chez toy, entatch, ou entatchir. s'il y est ou chez luy.

Le verbe |noum| Je viens, fait. oumaian. et par contraction. ouman. s'il. oucm si Je viens | oumaien. vel. oumen, vel oumen si tu viens, ouemetch| s'il vient.

Le verbe. nitindarin J'ay cela fait : entarian. et entaran. si J'ay cela entarien. et, entaren. si tu as cela. Tindaring. s'il a cela.

Le verbe. nitindara. Je l'ay quelq chose de noble. fait. entarak. si Je l'ay. entaratch. si tu l'as. entaratch s'il l'a &.

Le verbe nitindarak. Je suis a mon pays. Je suis nai la. v.g. daraki. il est a son pays, il est nai la. Il est de ce pais, fait au subiunctif endarakian. si J'y suis a mon pais, endarakin. vel. endarakien. a ton pais, ou la ou tu es nai, ou si tu y demeures. endarakitch. vel endarakivitch a son pais. ou s'il y demeure.

Le verbe. [nissi] Je dits. fait en un temps de l'indicatif. nigainaban Je disois. et il ne fait pas. nigassinaban | comme il devoit faire selon la regle generale. et au subiunctif. il fait. [ian] si Je dits. [ien] si tu dis. [itchi. vel. ighir.] s'il dit. ou nous voiés que ce verbe perd. s. et on ne dit pas. sian. siantz.

nititan · Je dis cela · nitigoun · cela me dit · nitiva je luy dits · · ·
outirar il luy dit · ichi · dis luy · Kitich · tu me dits · Kitivir je te dits ·
nintik · il me dit · Kitik · il te dit · outigour · il luy est dit par luy ·
nitigou · on me dit · ou bien on dit de moy · iva · on dit de luy · · ·
J'ay bien voulu icy mettre toutes ces locutions quoy qu'elles semblent
estre hors de leur place parceque elles sont un peu irregulieres.

Remarques particulieres sur la preposition · en · ou dans que les latins · disent · In · mesme remarque sur le mot de instar · que nous autres francais disons · a la ressemblance · V. ou come ·

en · ou · dans · ou bien a la ressemblance, ou come, s'exprime[nt]
comme vous alles voir dans les exemples suivans, notes
La difference selon la Terminaison des mots, et voyes
que quelq. fois il faut dire · ng · seulement ·
d'autres fois · ing · pour le singulier · ng · s'adiouste aux
noms finis en voyelle · ing · aux noms finis en consonanse
le pluriel prent · ngar · aux noms finis en voyelle · ·
et · ingar a ceux qui se terminent en consonanse ·
Toutes ces regles sont communes au mot instar ·
voicy des exemples de tout · pour le singulier.
et pour le pluriel · · · · · · · · ·

irini · homme · dans l'homme · dites irini=ng ·
dans les hommes · dites — — irini=ngar · · ·
arim · chien dans le chien dites · arimou=ng · ·
dans les chiens · dites · · · arimou=ngar ·
aberouchens · enfant · dans l'enfant dites · Aberouchens=ing · ·
dans les enfans dites · · · · abérouchens=ingar · ·
Il ressemble a un homme · instar · irini=ng · ichinagousi · ·
ils ressemblent a des hommes, irini=ngar · ichinagousiouek ·
il ressemble a un chien · · arimou=ng · ichinagousi ·
ils ressemblent a des chiens · · arimou=ngar · ichinagousiouek ·
il est fait come une vieille (instar anus) · mitchimousens=ing · ichinagousi ·
ils sont faits come des vieilles · mitchimousens=ingar · ichinagousiouek ·

quelq'uns prenent · ang · v.g. outen village, dans le village, dites outen=ang au pluriel dites dans les villages outen=anang

Regles sur la marque de reciprocation . ou pour mieux dire de relation d'une troisieme personne a l'autre . ou plustost de 3 troisiemes personnes ensemble et en un mot de toutes les personnes les unes aux autres .

il faut remarquer avec estude les regles, et les exemples suivants : car c'est icy, que je pense, que sont toutes les plus grandes difficultés de toute la langue ; dont je vous donne tant de regles ; qui pour dire le vray m'ont fait sué et resué plus de cent fois : mais enfin je les ay composées avec la derniere exactitude ; tout cecy vous paroistra un peu difficille au commencement : mais ne vous rebutés pas . labor improbus o'ia vincit, j'avois infiniment moins d'esprit q les moindres, qui me feront la grace de lire cecy, et cependant j'en suis venu a bout dieu mercy, que ne ferez vous pas avec les brillants de nos beaux, et bons esprits . je commence donc par des exemples que j'expliqueray par des regles, quand il sera necessaire ou du moins je vous renvoyeray aux paradigmes ou vous trouverés presq tout ce qui me reste a dire pour finir cette seconde partie de ma grammaire, qui est sans contre dit la plus difficille puisquelle comprent toutes les chicanes et difficultés de la langue, les autres trois parties n'estant presq q des exemples continuels sans regles ✓ ou du moins bien peu .

Exemples

dans les quels on pourra remarquer
La construction de la langue sauvage dans les verbes nobles

pierre ayme dieu . pierre = ousakihar . diour .

paul voit le grand genie . paul = outepouetaouar kichemanitour

Louys obeyt a son pere . Louys oupamitaouar ououser .

dans ces 3 exemples vous remarquerés que quand le verbe a un r . son cas en doit avoir aussi un . r . cette regle s'entent des verbes nobles .

+

exemples des verbes ignobles.

moy pierre j'ayme un couteau. Nir pierre = nisakiton = mokman.
toy Jean as une pierre . . Kir Jean = Kitindarin = assen.
Luy philippe porte l'espée . . ouir philippe = oupiton = chimagan

Notés ensuite la relation des verbes, et de leur cas, qui = reçoiuent un r. lors que le verbe en a un, de mesme aussi nous prendrés garde a par la mesme regle il faut donner un [r.] ou un [ri] a ce qui se rapporte; ou a tout ce qui conuient ou a quelle relation aux troisiemes personnes dont on parle dans les phrases d'un discours. voyés tous les exemples suiuants que je mets icy tout au long sans autre facon ny regles cecy estant suffisant auec les regles de la grammaire ou les paradigmes que j'ay mis tout au long qui dans un coup d'oeil resoudront toutes les difficultés qui se presenteront a nous dans les exemples suiuants.

Notés enfin les exemples des troisiemes personnes tant du singulier que du plurier de l'indicatif qui prennent un r. ou le laissent selon la diuerse construction et parceque ces mesmes troisiemes personnes n'ont iamais de K. a la fin leur cas qui est plurier, et qui naturellement a un K. a la finale reiette le K. pour conuenir auec son cas voicy un exemple que je repeteray ailleurs. pierre ayme les hommes il faut dire . pierre ousakia = irinioué où nous voyés le K. reietté du mot iriniouek qui veut dire les hommes.

91

53

+

Remarqués donc bien
Toutes les differences des
exemples suivants icy
formés en d'autres a nostre
gré selon la construction
q[ue] vous distinguerés par
la signification françoise
q[ue] Je mets a chaque mot.

exemples des verbes ignobles

Jacque ayme les couteaux. Jacques - ousakitouner mokmaner.
Jean gouverne les pierres. Jean - outiberindaner assenir.
philipe porte les appées. philipe. oupitoner. - chimaganer.

pierre ayme de son frere ayné le couteau.
pierre - ousakitououan ouscienser oumokmaniVi. le vi est de remarque

drusius gouverne de son pere l'eppée.
drusius outiberindamouan ououser ouchimaganiVi. le vi est de remarque

Caton porte de son puis nai cadet le livre.
caton oupitououan ousimenser oumassinahiganiri. le vi est de remarque

pierre ayme de son frere ayné les couteaux.
pierre ousakitou ou aner ouscienser oumokmanivioüar. le vi est de remarque

drusius gouverne de son pere les eppées.
drusius outiberindamouaner ououser ouchimaganiVioüar. le vi est de remarque
Caton porte de son puis nai cadet les livres.
Caton oupitououaner ousimenser oumassinahiganiVioüar. le vi est de remarque

le vi doit estre bien notés comme

exemples pour la construction des verbes
nobles tant singuliers et pluriers joints
a des pronoms nobles dités comme
nous verres dans les exemples suivants.

au singulier pierre ayme { mon / ton } { frere ayné } — { nos / leurs } { freres aynés } { pierre ousakihar { ni / ki } { sciensser — { ki / ou } { sciensiouar

pierre. Ousaki- / au pluriel / pierre ousakiha { ni / ki } { sciensat — { mes / tes } { freres aynés.
{ ni / ki } { sciensinana — { nos / nos et nos } { freres aynés.
{ ki / ou } { sciensioua — { nos / leurs } { freres aynés.

Notés les 2 exemples suivants ou le verbe
noble actif ne prent point le. R. a son cas
quoy quil le prenne dans le verbe cette exception se doit entendre seulement dans les
cas pronoms q[ue] Je vay marquer, et non pas
ailleurs ou il garde la regle generalle.

pierre ousakihar { ni / ki } { sciensinan — { pierre ayme { nostre — / nostre et nostre } { frere ay[né]

Construction du pronom ignoble
avec le verbe ignoble

pierre ayme son propre couteau. pierre = ousakitoũ = oumokman. —
pierre ayme ses propres couteaux. pierre = ousakitoũer = oumokmaner. —
pierre aymé {d'iceluy et d'iceux} le couteau. {pierre = ousakitououan = oumokmanivi. —
pierre ayme {d'iceluy et d'iceux} les couteaux {pierre = ousakitououaner = oumokmanivioüar.

Autres exemples qu'il faut remarquer et imiter en toutes sortes de phrases de verbes, et noms nobles, il n'y a nulle difficulté quand on sçait un peu decliner et coniuger. ou du moins quand on sera — accoustumé a cherches dans les paradigmes.

paul ayme la perdrix. paul = ousakihar pireouer. c'est icy qu'il faut bien remarquer une difficulté assez — delicate qui mettoit en paine souvant si on n'y prenoit garde c'est que j'ay desia dit ce qui est tousiours vray, hormis les exceptions que j'ay faite des quels cas pronoms un peu devant, que lors que la troisieme personne du verbe noble prent un — r. son cas en doit aussi prendre un. v.g.

paul ayme le capitaine. paul = ousakiar = ounkimar. ou vous voyes qu'il faut dire ounkimar quoy que capitaine ce dise seulement ounkima pris separement ou qu'il fust nominatif car pour lors il ne prent point r. v.g.

le capitaine ayme paul, il faut dire. ounkima ousakihar. pauler. ou vous voyés que paul est devenu le cas au lieu — qu'il estoit au nominatif. Remarqués encore que les noms nobles qui ont le nominatif pluriel finy en ouek changent cet ouek en ouer. quand il est question de les faire le cas d'une — troisieme personne du singulier. v.g. —
irini. homme a au nominatif pluriel ininiouek vous dires ininiouer. pirė perdrix a pireouek dités pireouer. ikoüé famme a ikoueouek — dités ikoueouer. voyes un exemple pour tous.

Anselme ayme la perdrix. dités. Anselme = ousakihar = pireouer au pluriel vous dirés Anselme ayme les perdrix
Anselme = ousakiha pireoué. ou vous voyés que
je n'dis pas pireouek. mais pireoué. reiettant le K. final du nominatif — pluriel pour vous faire remarquer. que toutes les troisiemes personnes de — l'indicatif reiettent r. final quand elles regissent un cas pluriel et ce cas — reiette son K. aussi.

55.

Voyés cette regle en pratiq dans les 2 exemples suivants.

Les hommes ayment les perdrix. iriniouek = ousakihaoua pireoua.
remarqués mieux dans cet exemple suivant ce q je viens de dire
ou je vay mettre le cas au nominatif, et le nominatif au cas
afin que vous notiés bien la difference, et la construction qu'il faut garder.

Les perdrix ayment les hommes. pireouek = ousakihaoua = irinioué.
ou nous voyés que le. K. se retient au nominatif, et qu'il se perd quand ce —
nominatif plurier devient cas du verbe. ajoute ce si je veux —
dire les | hommes ayment une perdrix | je dirai +
+ | iriniouek. ousakihaouar = pireouar |
ce qui confirme tousiours la regle que j'ay donné que la troisieme personne
qui regit un cas singulier prent son R. naturel qu'elle a selon la —
conjugaison des verbes. et le donne mesme a son cas ou plustost luy —
en communique un autre comme nous voyés a l'exemple q j'ay mis.
autres exemples de ce q j'ay dit un peu plus haut
que lors qu'il y a relation de 3. troisiemes personnes
~~elles~~ 2 prennent ~~[illegible]~~ R. et la a Ri
Voyés les exemples suivants.

Louys regarde le genie qui est Beau ou bon ✓
Louys = ouabamar = manitouk = Ka = ourichichiritch. vel. ir.
ouerichichiritch. vel. ir. sans le K.
a cause de l'augmant. e. qui emporta le K

La troisieme personne qui regit un cas plurier pert R. et le cas. K.
et la derniere troisieme personne prent tousiours son. Ri. rg.

Laurans regarde les genies. bons ou beaux.
Laurans = ouabama = manitoue = ouerichichiritchi. ~~[illegible]~~ autre exemple

pierre obeyit au genie qui ayme les hommes.
pierre = oupamitaouar = manitour = Ka = sakihavitch. rir. irinioué.
cette regle du, Ri, s'observe dans les
verbes impersonels joints a une chose ignoble.
le mesme se garde pour les adverbes qui
sont joints a des troisiemes personnes, et non =
pas quand ils sont joints aux autres personnes
3 exemples feront voir clairement cela.

Le couteau de pierre est rompeu. pierre oumokman = pikouchkav[illegible]
de pierre les couteau sont rompeus. pierre oumokmarer = pikouchkavi oua[illegible]
pierre viendra demain. pierre Katatagochin = ouabanivi[illegible]
Jean et pierre viendront demain. Katatagochinouk ouabanivi[illegible]
Je viendray demain. nigatagochin = ouabang. dans cet exemple
n'y a point de [ri]. notés q j'ay mis [iri] quoy q j'ay dit qu'il ne faut prendre q [Ri]
selon la regle generale; mais [iri] se met pour eviter la cacophonie &c.

+

Cinquieme Caier de la
grammaire Algonquine —

est Releu.

Remarques sur les ~~particules~~ syllabes

NI

1°. cette syllabe . nj . sincere entre . R . , et A . de la troisieme personne du singulier, et pour lors elle a la mesme signification que la simple troisieme personne, qui doit auoir un . R . , et mesme il est plus elegant de se seruir de ce monosyllabe que dizer simplement de la troisieme personne . v . g . — il sera mieux dit de dire .

paul = ousakiha = ni = r = manitour
paul = ayme ——— le genie q̄ de dire simplement
paul = ousakihar ——— manitour .

2°. il sera aussi de mesme plus elegant de dire au plurier

paul = ousakiahnj = manitoué .
paul = ayme ——— les genies . que de dire simplement
paul = ousakiha ——— manitoué . dans laquelle — elegance nous voyés que quand la troisieme personne — du singulier gouuerne un cas plurier on ne fait qu'adiouter la syllabe nj a la troisieme personne du verbe v . g .
Ousakiha = nj . ni . est adiouté a ousakiha . il ayme .

Remarque sur les mots

Touken . , et . Toukenj . qui signifient doute

quand ces mots sont ioints aux troisiemes personnes ces troisiemes personnes reiettent . R . mais le cas le reçoit . v . g .
pierre ayme peut estre le genie dites
pierre = ousakiha = touken = manitour . et non pas ne dirés pas ousakihartouken v —
pierre ousakihatoukenj ——— manitoué
pierre ~~ni~~ ayme peut estre ——— les genies . il faut entendre ces 2 regles des verbes personnels seulement

97
57

— 1 —

Premiere Regle

Le nominatif qui a un R final fait que son verbe en doit aussi prendre un. et s'il arrive quil y deut avoir cacophonie ou quelq. chose de rude dans le mot il faut adiouter a R. ou. oubien un i. simplement. exemples. des verbes neutres.

Le ~~cadet~~ puisnai de pierre gouverne. dites
ousimenser = pierre = tiberindamour. oubien tournés par le subiunctif et dites
c'est le cadet de pierre qui gouverne
ousimenser = pierre = Ka = tiberindamiritch. et ir.
Le cadet de pierre est arrivé
Ousimenser = pierre = tagochinour. vel.
c'est le cadet de pierre qui est arrivé
ousimenser = pierre = Ka = tagochinivitch. et ir

Le verbe ignoble garde cette mesme regle v.g.

le frere de Jean gouverne ~~et~~ lespée.
ouikaniser = Jean = tiberindamirin. chimagan.
c'est le frere de ~~pierre~~ Jean qui gouverne lespée
ouikaniser = Jean = Ka = tiberindamiritch. et ir. chimagan.
lespée gouverne le frere de Jean.
chimagan = outibevimigouvin = ouikaniser Jean. par le subiunctif dites
c'est lespée qui gouverne le frere de Jean
chimagan = Ka = tibevimigouritch. et ir. ouikaniser. Jean...

Le verbe noble garde cette regle.

le frere ayné de louys ha une perdrix.
ouseienser = louys = outindarar = pireouer. ou par le subiunctif dites
c'est le frere ayné de louys qui a une perdrix
ouseienser = = Louys = Ka = j = entaritch. et. ir. pireouer.

notes que le mot. entaritch. et ir. signifie aussi. ches luy. mais pour lors il vient du verbe nitinta. Je suis qui a au subiunctif entaian. ches moy. entarh. ou entavitch ~~ilmet~~ vel ir. ches luy & Ka = j = entavitch. i. est mis entre deux pour eviter la prononc. trop rude. exemple — du mesme exemple par le passif noble, a l'indicatif, et subiunctif.

Le genie gouverne le frere ayné de louys.
Manitour = outibevimigouanir = ouseienser = Louys. par le subiunctif dites —
~~Les verbes impersonnels tiennent cette regle v.g.~~
C'est le genie qui gouverne le frere de louys.
manitour = Ka = tibevimigouritch. et ir. ouseienser = louys.

Les verbes Impersonnels

le Couteau de pierre est rompeu pierre = oumokman pikouchkavi.
par le subiunctif dites = pierre = oumokman = ka pikouchkavik.
qui est rompeu . . .

pierre regarde le couteau rompeu.
pierre = ouabantan = mokman = pikouchkavi.
Je regarde le couteau rompeu nioubantan = mokman = pikouchkavi . ucl pikouahea

Les adverbes gardent aussi la regle du . Ri . v.g.

Le fils de pierre paroit le iour , et la nuict .
oukouisiser = pierre = nogousir = kachigativighir = gaie = tebikativighir .
Le pere . d'Augustain paroitra demain .
oukouser . Augustain = katnnogousir = ouabanirig .

Seconde Regle

Le cas qui a de soy ~~et~~ naturellement un . R . fait que le verbe qui le regit en doit auoir aussi un . c'est a dire que les noms pluriers terminés en . R . font que le verbe plurier prent un . R . pour s'accorder auec son cas : v.g.

ni / ki / ou { sakitouner = mokmaner { Je / tu / il } ayme les couteaux .

Le cas de la chose singulier prent . R . v.g.
en quelques uns . et ri . en d'autres . voyés les exemples .
pierre = outiberimar = pirecuer . pierre gouverne la perdrix

pierre gouverne la perdrix d'iceluy . . .
pierre = outiberimar = oupiremer . . .

Nicolas = outiberimar = Tessoueat (genitif) { oupiremirir la perdrix d'iceluy Tessoueat / outsiensirir (2) oupiremirir (1) du frere ayné = la perdrix / oukouisisirir (3) = outanisirir (2) = oupiremirir (1). du fils - 4 + = de la fille = la perdrix }
nicolas = gouverne = de Tessoueat 3 . + 4

pour la construction de ces 2 phrases dernieres ayés egard aux chiffres que j'ay marqués, et donnés la premiere explication au premier chiffre la seconde au second . la troisieme au troisieme . ou bien plus clairement dites .
— nicolas gouverne la perdrix de Tessoueat . nicolas outiberimar = oupiremirir = Tessoueat
— nicolas gouverne la perdrix du frere = ayné de Tessoueat.
nicolas outiberimar oupiremirir = outsiensirir = Tessoueat . .
— nicolas gouverne la perdrix — de la fille — du fils — de Tessoueat.
nicolas = outiberimar = oupiremirir = outanisirir = oukouisisirir = Tessoueat .

Le cas dela chose pluvier
ne differe quen deux Lettres —
ascavoir quau lieu que jay mis outiberi mar
nous dires outiberima. et au lieu q
jay dit oupiremirir. nous dires —
oupiremiri. qui voudra dire les perdrix
voyes les 3 derniers exemples du verse
il ny a rien de different. et tout yest
semblable, et il ne faut qu'au lieu de dire
perdrix. dire les perdrix. et en sauvage
outiberima oupiremiri.

les cas du verbe noble passif prent R. quand il est cas
d'une troisieme personne. v.g.

pierre gouverne le capitaine. par le passif il faut dire.
le Capitaine est gouverné par pierre.
ounkimar (3) = outiberimigour (2) = pierre (1).

Les cas dela personne singuliers et pluviers
gardent la mesme Regle que les cas singuliers,
et pluviers dela chose. si bien que nous n'avons
qu'a changer le mot qui signifie la chose —
en celuy qui signifie personne. v.g. perdrix
signifie la chose. capitaine signifiera la personne
de mesme q mon ayné, ton ayné, son ayné.
et il faudra dire. par exemple

pierre = oumakamar ⎧ ounkimar le capitaine
pierre = apillé. . ⎨ nisciensen. mon ⎫
⎨ kisciensen. son ⎬ ayné
⎩ ousciensen. son ⎭

pour le pluvier gardés la mesme
Regle q dessus.

Autres exemples sur le verbe
en = ouan.

ni / ki / ou { tiberindam = ouan pierre = oumokman { Je / tu / il } gouverne le couteau de pierre —

ni / ki { tiberindamirin = paul = ousciensirir = oumokmanirri. { Je / tu } gouverne = de paul = du frere ayné. les couteaux { suivés le chiffre.

ni / ki { pittaouitsouan pierre. ouchimagan. vel. ouchimaganiri.

Je / tu { blessé par megarde avec l'espée de pierre...

---

ni / ki = t = apiouan = paul = ounipaganing. Je suis assis sur le lict de paul.

---

pierre = outapiouan = paul = ounipaganiving. vel hech niparitch.
pierre = est assis — de paul = sur le lict. — ou la ouil dort —

---

pierre = outapiouan = paul = ousciensirir = ounipaganiving.
pierre = est assis = de paul = de l'ayné = sur le lict. voyés le sens dans le chiffre.

Remarqués en fin

Pour finir cette seconde partie de la grammaire le verbe Impersonnel finy en. An. adioute au singulier. ivi et pour le plurier. ou qui est figurative se change en. I devant rionar v.g. le couteau de pierre ne vaut rien — pierre = oumokman = matchikatchiouaniri. Les couteaux de pierre ne vallent rien dités pierre = oumokmaner = matchikatchouan = i = riouar.

101

61

+

Il n'est pas hors de propos, ny de lieu d'aduertir a la fin de cette seconde partie que les 2 autres parties qui suiuent n'estant qu'un continuel ~~[illegible]~~ exercice et une continuelle pratique de ce qui est contenu dans les deux premieres nous ne serons plus embarrassés par des regles ny de remarques facheuses puis q' presq' tousiours nous serons a donner des simples exemples de la syntaxe et des autres parties de l'oraison q' nous traiterons plustost par des exemples de toutes choses que par autres preceptes ennuyens tels que peuuent estre les presedens qui ont toutes fois estés necessaires pour esclairir, et donner du iour a tout les difficultes, et a tous les secrets de la langue. Prenons donc dans la troisiemme partie de cette grammaire. Les concordances, la syntaxe, et en un mot toute l'oeconomie de la langue par exemples continuels ou auec un peu de reflexion nous pourres aysement comprendre qu'il n'est plus besoin presq' d'aucune regle estant toutes comprises dans les deux parties presedentes.

Fin de la second partie

De la grammaire

Algonquine

Troisieme partie dela grammaire Algonquine ou l'on trouuera toutes les concordances La syntaxe, et l'œconomie de toute la langue.

SYNTAXIS

De mesme que chez les grecs et les latins toute la syntaxe se reduit a la syntaxe d'une simple conuenence, ou de regimes, ou mesme encore comme a une certaine dependance d'une chose a lautre; de même aussi j'etablis la syntaxe de cette langue en deux parties. dans la premiere je traite de la syntaxe de conuenence. dans la seconde j'establis la syntaxe ou la concordance du regime, selon dans le mesme ordre que les latins.

Premiere partie.

De la syntaxe De conuenance

Le Nom substantif conuient en cas, auec un autre substantif. v.g.

quebek = Ville.

ouabistigoucian = outen.

Tessoueat = Roy regle. ou capitaine

Tessoueat = tipahigan.

Deux Ablatif absolus. toy capitaine nous tournons. v.g.

Toy estant chef nous et nous uaincrons l'hiroquois.

ettikouin = nadoué = kigachagoutchianan.

Ou nous voyés que le mot ettikouin est mis au participe auec l'augment selon les regles données. ce mot est metaphorique, et tiré du verbe nitatik. 3a. c. qui signifie par metaphore je uay deuant comme fait un cerf a la teste d'une bande de cerfs appliqués la metaphore pour une armée qui est conduite par un chef.

Le relatif, et lantecedent conuiennent en genre, et en nombre. v.g.

La lettre — que j'ay porté

massinahigan = Kakich = matchioutouian.

Notés q le relatif qui que etc. s'exprime comme j'ay dit ailleurs par. Ka. Kich. Ké. ou bien auec l'augment du subiunctif.

L'interrogatif, et le responsif conuiennent ensemble.

qui t'en seigne?

Aouennin = kekinohamouk.

Jesus m'enseigne

Jesous = nikikinohamak. —

Combien de iours estoit il

tanintassou = gounagativik = epigouban

chez nous. R. Trois iours — —

entaieg · · nissougounagativik.

Le Nom substantif conuient auec l'adiectif. chez nous l'adiectif deuient verbe. exemple.

Jesus. Bon. Beau. honeste Liberal ✗. nous disons

Jesus qui est Beau. Liberal

iesous = ourichichitch. Kicheouatisitch.

2 103

ou tout simplement nous disons
Jesus bon . Jesus liberal
iesous = ourichichi · iesous = kicheouatisi

Bon Bois
ourichicin = mitigouch.

Le nom substantif conuient auec
ladiectif partitif · v.g
un francois · ou un des francois
pegik = mistigouchi: oubien nous tournons
entenque = un est des francois –
hech = pegik = oumistigouchiouatch.

qui De nous deux
tournés · qui de nous entend
nous estés Deux ·
Aouennin = he = ninchieg.

Regle du Comparatif
Le nom conuient ala comparaison
de ladiectif · comme sensuit ·
Le fils est plus fort q̃ le pere

Tournés 1°
Ouy certainement le fils celuy qui est fils est fort
Arinoui = ouecoussitch = sonkisi.
entend ~~le fils~~ il est fort ~~est fort~~ le pere
he = sonkisitch = ouenidianisitch.

Tournés 2°
le pere n'est pas fort
ouekouisisitch = ka sonkisisi =
est fort = le fils.
sonkisi = oueousitch.

Tournés 3°
Par un verbe opposé v.g.
Le pere est grand
ouekouisisitch = mintitou · ul · kinousé

Le fils est petit ·
oueousitch = tchakousichi.

Tournés 4°
Est affilé ton couteau,
kina = ki = mokman,
entend est affilé le couteau
he = kinarik = oumokman
De Tessoueat
Tessoueat.

Tournés 5°
Je suis noble entend
nits ariouerindagous = he =
tu es estimable
apiterindagousin.
Voila cinq facons de tourner le
Comparatif

Voyés maintenant le
Superlatif, et aulieu
q̃ les francois tournent omnium
fortissimus · le plus fort de tous
Nous disons ·
Ouy certainement Tout a fait
arioui = napitch =
il est fort
sonkisi ·

ou bien ditez
il est tout a fait ~~tres~~ petit =
ouir = napitch = irinitchakousichi
tous les autres sont grands
kakina = kinousiouek

Le substantif ioint a un
Autre substantif de diuerse
signification sexprime comme
· sensuit cest assauoir par
le pronom possesif · et que nominatif
v.g
Le Liure de pierre
oumassinahigan = pierre

Lespée de louys et
ouchimagan = louys = dach
Lespée dauguste
ouchimagarivi Auguste

Remarqués, que pour q̃ deux
substantif sans coniunction facent un sens · lun
doit estre comme possedé de lautre auquel
il a rapport, et duquel on dit quelq̃ chose.
Dela nous voyés que · pere · mere ·
ces 2 mots dis je ne font pas un sens
parce q̃ lun na point de rapport a lautre
et lun ne possede pas lautre · mais ces 2
mots suiuants font un sens · le liure de
pierre car cest la mesme chose q̃ si
nous ditez le liure qui apartient a pierre ·

c'est donc fort elegamment d nous exprimons cette locution par le pronom possessif ce qui se doit entendre d'un pronom avec un autre pronom. v.g.

La cadet de la mere de pierre
ousimensiviz = oughir = pierre.
il seramieux dit en sauvage si nous dites pour signifier la mesme chose.

pierre = oughir = ousimensiviv.

Remarqués que pour eviter l'ambiguité ou doute entre 2 pronoms possessifs. le pronom qui possede se termine en [vir.] et le pronom possedé ne change rien dans sa finale.

Le substantif devant un verbe personel convient avec luy en nombre et personne. et en genre. v.g.
pierre vit. marche &c.
pierre = gapi = pimousé &c.

La pierre marche asten = pimoutemayat.

il convient mesme en la marque de relation. v.g.
Tessoueat est assis
tessoueat = api
~~la~~ ~~est~~ fait son cadet
chai = Ousimenser
viendra par eau
Katamichagev.

Deux substantifs singuliers joints avec une conionction demandent un verbe pluriel.

pierre et Jean vient.
pierre gaie Jean = papiouek.

si deux noms substantifs sont ioints avec la conionction le plus noble s'accorde avec le verbe ~~et le~~ ~~[illegible]~~ noble

et l'ignoble demande un verbe ignoble. v.g.
pierre et le bois sont bons
Bités.
pierre = ourichichi
pierre = est bon.
et le bois est bon aussi
gaie = mitigouch = ourichichin =

Si deux substantifs de diverse personne sont ioints par une conionction copulative le plus noble prenant et s'accorde avec le verbe. v.g.
nous, et pierre vions
niraouintz gaie = pierre = nipapimin
moy et toy vions
Kipapimin = oubien mot a mot.
nir = gaie = Kir = Kipapimin

Souvant comme chez les Latins ou il n'y a point de nominatif ou bien il est sous entendu. v.g.

on dit ... irouanin
il pleut ... Kimiouan.
il neige ... mipoun.
il grésle ... sesegan.
il vente ... routin.
il tonne ... ounimikik.
il Tempeste &c ... oussamiroutin.

quelques fois nos sauvages pour exprimer les mesmes choses ils mettent un verbe qui signifie celuy qui fait la chose dont on parle. v.g.

Teberimirang { Kimiouanouke. / Mipounouke.
celuy qui nous gouverne { fait de la pluie / fait de la neige.

D'autres fois on met toute une periode sans nominatif. v.g.
entens tu pries Dieu =
hech = aiamihaien =

il ne te sert de rien si tu n'obeys —
Ka = Kigatubatzitou = sin = ekapamitamen —
ouanninang = ...

Un substantif deuant l'infinitif
d'un verbe personnel estant a
l'accusatif, et qui se peut tourner
chez les latins par la particule
quod. ut. ne. quin. et que les
françois tournent par que.
Les Sauuages l'expriment par
un imperatif, ou un verbe optatif
ou de dire. par exemple.
Je dis que pierre vit.
Dico petrum viuere nous disons
il vit pierre luy dis je
papi = pierre = nitira.

jubeo te bene sperare nous disons
ayez courage. Je dis te
aintichouanin = kitirir =

prohibeo eum exire. nous disons
Deluy defans, ne sors pas luy dis je.
nikivahamaoua, eka=sakahighin, nitiva.

Non dubito christum id dixisse dites
Jesus a ainsi parlé, Je ne le mescrois pas
Jesous = mi = echikichouetch = ka = nikivaouitan = sin

Dicor amare petrus dites,
pierre il ayme dit on de moy.
pierre = ousakihar = nitigou

La particule, ad, ut en
françois pour, deuant le gerondif
v. g. laboro ut diues fiam.
nous tournons comme il s'ensuit
Je trauaille pour deuenir riche
nous disons
Je seray riche. pense je
nigaouaravatis = nitiravint =
c'est pour cela. Je trauaille.
miouintch = arokeian =

Le Nom substantif
joint auec le uerbe substantif
Je suis. tu es, il est. v. g.
Jesus est bon =
iesous = kicheouatisi = .
nous tournons le uerbe est et ce qui
est apres par un uerbe proadiectif
come j'ay dit ailleurs nostre langue
n'ayant aucun adiectif.

le uerbe est. qui en latin
est pris pour ~~...~~ habeo j'ay
se tourne par un uerbe possesif
comme j'ay dit dans le traité des
uerbes v. g. Liber est petri
Le liure est de pierre. nous disons
Oumassinahiganj = pierre: par un uerbe et par un no...
a un liure — pierre

Le uerbe est pro debeo
spectat ad me v. g. Je dois faire &
c'est a moy de dire, ou de faire, commendant
Nous exprimons cette locution.
comme s'ensuit
Si quelqu'un est commendant
auoia tepahiganiouitch,
employez
il commende, et le commende
arokemou = dach ouetipahiganitch
faits obeyr | ou fait | comme l'obeyssant
toua | pamitam. ==
Se ra mieux dit de dire, pamitam = toua
et en un mot toute la phrase sera mieux
dite de dire comme s'ensuit

Tepahiganiouitch = auoia,
arokémou = ouetipahiganitch = d...
pamitam = toúa.

car c'est ainsi q les sauuages rendent
cette locution.

Les composés du uerbe
Substantif v. g. Intersum consilio
J'assiste au conseil. nous tournons
Je suis assis, J'escoute, quand on harangue
nitap = nipisintak = tarimitagousinghi...

il nous importe d'obeir. nous tournons
si nous n'obeyssons, nous aurons de la paine
ekapamitameng = kigatavimisimin

cela me profite
nimivouskagon { nantoukouron
la medecine. v. g.
me nuit
ninassitamiskagon = nantoukouron

Le Nom substantif joint au verbe Vocatif, et qui a sa signification se tourne Comme s'en suit.

pierre on te dit nomme pierre = Kitigou = Kiouirigou =

tu es jugé ingenieux dites il a certainement de l'esprit pense on de toy riboualá = zen —— Kitirerimigou

tu es sensé estre riche dites il est riche plus certainement de toy pense on de toy ouavátisi = Kitivansi nahóugou.

il semble que tu es malade: dites Comme malade tu es: Kount = kitakous: mieux dit tu es comme malade vel akousi = Kounouint = kitirevimin il est malade se que pense de toy

ou il me est malade pense de kitakous = nitirévint.

tu fais le malade, idest = tu fais semblant d'estre malade Kitakousikas ====

la fiction ou faire semblant s'exprime par la particule Kas.: Comme j'ay dit ailleurs

V. g. | Je suis malade | dites nitakous = |

Je fais semblant d'estre malade nitakousikas ====

tu es saisi, fies, euades (seras, deviendras &). ces mots se tournent ainsi.

Tu seras prudent Kigakitaouerint =

quand tu seras devenu grand patoutch = Kich = nitaoukhin.

Les sauvages rengent mieux cette locution en disant Kich nitaouikhin = patoutch kigakitaouévint. notés q. patoutch ce met toujours apres un verbe.

SECONDE partie.

De la syntaxe —

Du Regime

Les grecs, et les Latins appellent syntaxe de regime lorsquils donnent des regles par lesquelles le nom substantif, qui est regi ou gouverné, ou qui depend d'un adiectif, ou d'un verbe est mis au genitif, datif, accusatif ou ablatif. les Algonquins ont une facon toute particuliere de s'enoncer qui n'est pas moins admirable q. la latine ny la grecque quoy quils n'ayent pas cette varieté de tant de cas.

Les Regles suivantes nous vont donner une methode tres facile pour exprimer, et dire d'une maniere toute particuliere tout ces les grecs, et les latins disent par tant de cas. Je me suis bien gardé s'il nous plait au tour que je m'en vay donner pour tourner en sauvage ce que nous disons en grec, latin ou françois qui nous servira de regle.

Regime du genitif.

Regle Iere des divers adiectifs de louange, et de blame comment ils doivent estre tournés

enfant d'un beau visage. dites Bel enfant
Koueyatch = aberoushens.

homme de grand coeur pierre dites pierre = est estimé vaillant fort &
pierre = sonkerindégousi. —

Les verbes
v. g. amant vini, amateur de vin dites
il ayme = le vin
ouankitang = chouminabou. vel nipi

ditès Tenax irae, opiniastre dans sa colere
entenquil se fache il ne sapaise point.
he = viskatisitch = ekaka = mitatoutch.

L'affection de lesprit

Desireux = de richesses
outchikevimouvotan = ouavatisiouin
ditès. il desire avec ardeur = la richesse

ditès ne scait = le larcain.
inscius. = furti =
il ne pense point au larcain.
ouanevindan = kimoutiouin.

Conscius furtin.
consentent au larcain.
ditès il scait = derober avec +
oukikevindan = ouitchi kimoutiouin.

Anxius furti
chagrain du larcain

ditès entenquil derobe il est tourmenté + dans son esprit
he = khiki moutitch = ranekaterimou.

Peritus musicae
scavant = en musique
ditès. tout afaict il scait entenquen chanter
napitch = gaskitou = he = nigamounaniouang

Timidus venti
craint = le vent
ditès entenquil beaucoup il vente
he = ousam = koutinivik

il le craint, suplé le vent
oukoutan

Lassus viae. las du chemin
ditès il est las.
Aiekousé.

Regle seconde elle est

donnée cy devant ou jay parlé des verbes valent est. interest, voyés les composés du verbum sum. Je suis.

Regle Troisieme

Des particules ou adverbes.

De lieu

ubi terrarum, unde gentium
ditès. ou. tandibitouk.
unde gentium ditès

De quelle nation dhomme
tandibi = untchi = iriny —

De Temps

tunc temporis.
il viendra pour = lors
kata = pich = nogousi = patoutch

pridie montis. ditès
un jour de vant quil meure
ourágou = ke = nipitch

De quantité

Assez — de vin.
tepisimou — chouminabou

postridie mortis
un jour + apres quil est mort
ouiabanivik = kach = nipitch.

Illius ergo. ivit. ca a face
cest a sa consideration que...
Tours.
Sans dessain = de layme = cest pour cela = ...
Nara = saiakihak = oué = ...

instar. montis est. tourné
Comme une montaigne fait.
pikouatinang = toua

Regime du ~~genit~~ Datif

Regle premiere des adiectiff

De commodités et dincomodités
amicus. affinis &c.

Desous
Desus
Desous =

{ Cest parent des bons
outchiraouéma = ouevichichivitgi
ayme les Bons
oukakiha = ouevichichivitgi.
est fidelle aux bons
ka = sakivaouiskima = soua = ouevichichi...
ne ment point = aux bons

gratus
Agréable ditez
il a cet homme pour agréable
ounakerindamikar.

Utile d'usage
Abatisi = abatisi

Regle seconde

Pour les verbes de comodité et dincommodité Aquisitifs, et qui expriment le datif avec le seul verbe exprès Tous les verbes suivants

placeo illi v.g. V.

Je luy agrée · nimirouerindamika.
Je le favorise · niouitchitekama.
Je luy obeys · nipamitaoua.
Je le medicamante · ninantoukouka.
Je le rencontre · ninanghiskaoua.
Je luy congratule · nitaramikaoua.
Je le secours · niouitchika.
Je le surpasse je suis plus excellent { nitaviouerima.
Je le prefere · nitasiouerindamika.
Je luy commende { nitarouva · vel agou = tirouv — nitiva · fais cela luy dis-Je
Je luy resiste { nitanouatnoua. nikipiskaoua. noutamiskaoua.
Il luy est permis.
Ouientich = kiganintint = ketna =
facilement = tu fairas = comme si
Kigakimahamagou.
on l'empeschoit · defendait X.

Regle Troisieme

Verbe Acquisitif, en francais signifiant faire pour quelqun
V.g. Je travaille pour luy
nitaroketaoua ———
Je crains pour luy ———
nikoutirouva ———

J'achepte pour luy.
nitataouarilla | ou nous voyes que le pro te des latins, et le pour des francois est compris dans le verbe

Regle quatrieme

Pour le verbe qui regit deux datifs un de la personne, et un de la chose
do illi vestem pignori:
Je luy donne un habit pr gage. Tournes
ie luy donne un habit, Je marque
nimira ——— agouinans nikikinokatchiton
ces Je luy fetay.
ke = toutaouak.

hoc illi vertam laetitiae
Je luy tourneray cela en Joye Tournes
cela le rejouyra = pense le
ougamirouasihigoun = nitirerint.

Regime de l'accusatif

Regle premiere.

tout verbe actif ou ayant La signification active soit quil soit neutre ou deponent exprime son cas dans un mot. v.g.
Je l'ayme ditez
nisakika · au lieu que les latins disent
Illum amo. — — —
Je le respecte.
nimanatchika.
nikikinoabama = Je limite.
Je le suis = nimitiva = ninoupinava.
Nous allons dans le chemin
nimitimimpe · dans un mot
vel
Je vay le chemin =
nimitimena ———
du ciel = qui va =
ouakouing = ka = iramouk.
sedeo, ubi sedet
Je suis assis ou il est assis: dans un mot
nitapiouan . . — —

Regle seconde

quelques verbes impersonnels gardent la premiere regle du regime de l'accusatif. v.g.

hoc me fugit præterit, je m'oublie de cela. | niouanevindan.

hoc me fallit, cela me trompe. | nipachiouirigoun.

hoc me pudet, cela me fait honte | nitagatchitoun.

pœnitet. | Je me repens de cela | nitanouevindan.

Tædet. | cela me chagrine | ninanekatevimoun

piget. | J'ay honte de cela. | nitatagatan.

memini tui. Tournés
Je me souviens de ton corps
nimikaouin = kihiau =

oblivisor illius. Je ne m'oublie pas de luy { ninanimikaouina.
Je me souviens de luy
nimikaouina

Attinet. spectat ad te. Tournés
c'est ton affaire, vois ce qu'tu en feras
kir = ke = touanin.

Regle troisieme

de quels verbes qui regissent 2. accusatifs un de la personne l'autre de la chose, Tournés les selon les exemples suivans.

Celo illum furtum. tournés
Je luy cache en sens je derobe
nikataoua = hekikimoutian =

doceo illū doctrinam christianam. Je luy enseigne le saint enseignement.
nikikinhohamaoua = aïamihé = kikinohamatouin
exprimés les verbes suivans
Comme s'ensuit.

Induo petrum veste. dites
J'habille = pierre
nipitchikoreïena = pierre.

Peto ab eo panem.
Je luy demande du pain
nipagouterima = pakouechigan

---

mo neo eum miseriæ dites
Je luy fais souvenir de sa misere — en ce qu'on souffre misere
nimikouma = ke = kotakitounaniouang

Je le fais souvenir. en ce qu'il souffre est miseral
nimikouma = ke = kotakitoutch

Interdico tibi domo meâ.
Je t'interdis ma maison, deteta de fan

Tournés
Je te defens; n'entre pas davantage, c'est assez, entré
kikirhohamour; mirighic, pintiker
La ou je demure
entaïan

Regime de l'ablatif

Regle premiere

Tout verbe passif ou ayant la signification passive soit deponent, neutre actif, ou neutre passif s'exprime comme s'ensuit dans les exemples suivans v.g.

amor a Jesu. dites | il m'ayme Jesus | nisakihik = Jesous

il m'attaque = nimaouineskak.

il me demande quelq chose = ninantoutamak

il me donne, | accipio ab eo.
nimirik = | noutapinamaoua =

Libero eum a morte
Je le delivre de la mort.
nikesigouna = ke ... qui devoit estre ... nisintiban.

vel. niouikouetchia = ke = nisintiban

il me bat = nipakitehouk.
il me fouette = nipachagastehouk.

Je les separe l'un de l'autre en se battant
Tournés
ils s'entrebattoient = Je les separe
takounitibanik = niouikoutchipirak

Regle seconde

Le verbe indiciel sexprime
Comme les exemples suivans v g

Je l'accuse de larsain. Tournés
Je dis son larsain.
niouindamouan = oukimoutiouin.
vel
Je le nomme en tenqui de vole-
niouaouira = he = kimoutitk
damno. Je le condamne. Tournés
J'achene de me souvenir de luy, Jes-
lachene = nitiskouaouerima.

absoluo, Je labsous. tournés —
Je labandone, Je le deslie
nipakitina = nitabiskouchoua.
vel
nitivinikaha. Je le fais viure. vel
Il vivra. dis Je de luy, vel luy dis Je
Katairiniouj = nitira — nitira.

Regle Troisieme

quelques verbes qui ont la signification actiue se tournent comme
nous allés voir. v. g.

fungor munere. Je fais mon office
Biké
J'agrée = enten quon m employe, Je suis employé, quon me donne a b...
nipamerindan = hech = Je soigne
avouvigouian

potior illo. Je Jouis de luy. nitaïaoua.
abutor illo [redacted] Jabuse de luy, niouaouanatchia.
utor. illo Je me sers de luy. nitabatagha.
Dignor eum amore meo. Tournés
il est digne damour = c'est pour cela = q Je laym
sakitaganiouj = ouinch = sakihak.

Vescor pane. Je vis de pain —
Tournés
Je mange = du pain —
nitamoua = pakouechigan.

Regle quatrieme

Les adiectifs, et les verbes
dabondance, et de disette
se tournent comme vous
verrés dans les exemples suivans.

Locuples sum, aboundo diuitiis
Bikés
Je mets richesse sur richesse
nitamaton = avokatchigan
vel
Je suis riche: niouavatis. 3. I.

plenus indico tritico. dités
est plain de Bled dinde
mouskiné = mentamin.
sont plains = de Bled dinde.
mouskinek = mentaminak.

immunis Bello. na point de guerre
— Ka dach = nantoubavisi.
expers metu. ne scait point craindre
Ka = nita = seghisisi =.
Captus oculis. na point dyeux
Ka = dach = ouchkingiqousi
egenus oium. Tout a fait pauvre de tout —
napitch = manesi = Kakina.
Vaco pudore, Je nay point de honte
Ka = ni = nita = agatchisi =
exhaurio aquam, Je puise toute leau
nitchakouabahan = nipi.

Les questions
De lieu — —

10 111

+

Devant q[ue] de vous mettre a iour

Les questions d'elien que je viens de ~~vous~~ proposer
Il me vient en pensée de vous dire qu'il se pourra trouver quelq[ue]s
esprits du [illegible] goust si fin qu'ils ne trouvent rien de bien, que ce
qui a esté conceu, et ruminé dans leur grand cerveau, et qui —
[illegible] diront d'abort que nevitablement je donne des regles —
asses claires ~~mais~~ mais qu'elles sont d'un style bien estrange, bas et rampant, et avec des facons —
de parler tout afait extraordinaires, et inconnues dans les pays des —
Latins, des Grecs, et des François, [illegible] q[ue] je n'apporte pas des authorités
asses fortes pour persuader de mon sisteme dans la langue algonquine les scavans de ce temps qui ont le goust si fin
et si delicat que la moindre chose le leur degoute, de telle facon —
qu'il n'y a plus moyen de les faire rentrer en apetit; je les prie
de n'avoir pas sitost mal au coeur, et si quelq[ue] chose les rebute dans
cette grammaire je les supplie de le mettre a leur goust et —
d'avouer du moins (s'il vouloint me condamner sans avoir tout a fait touchant
la parfaite connoisance de la langue Algonquine dont je fais [illegible]
profession [illegible]) que j'ay bien —
esclaircy des difficultés et que s'il y en reste quelqu'unes elles sont bien —
petites, et que si enfin ils doutoint que je n'eusse pas donné des —
preceptes pour aprandre une belle langue telle qu'est celle q[ue] je propose, ils [illegible] seront pour le moins oblig[és]
~~de moins~~ dire q[ue] mon ouvrage ne devra pas estre tout afait rebuté
puis q[ue] pour le moins (si on ne vouloit pas adiouter foy a ce q[ue] je
dits touchant la langue algonquine) on auroit la facon —
d'aprandre une langue estrangere qui pourroit estre de quelq[ue]
uzage, quand mesme ce q[ue] j'ay dit ne seroit pas vray: mais —
comme je ne crains pas cela et que je suis seur de mon baston
comme l'on dits je prie d'abord de grace mon lecteur ou ceux qui voudront —
tant soit peu faire quelq[ue] reflection sur tout ce q[ue] j'ay dit de voir
s'il y a quelq[ue] defaut en toutes mes regles et s'ils ne trouveront pas
toute l'economie par tout q[ue] j'ay proposé, je veux tres volontiers estre
condamné, si on trouve quelq[ue] chose qui se contredise et si tout n'est
pas adiusté selon les preceptes q[ue] j'ay donné, si cela est aussi, qui tout s'accorde n'est —
il pas vray q[ue] j'ay une conviction manifeste de tout ce q[ue] j'ay avancé, et q[ue] —
necessairement il faut q[ue] ce que je dits soit seur, et que nous avons la langue
des Algonquins dans sa perfection comme je la veux bien avancer avec
tous les autheurs que j'ay cité dans ma preface. mais achevons
nos questions pour finir cette troisieme partie de la grammaire.

Des questions

ce n'est pas trop mal apropos q̃ nous donnons place icy aux questions de lieu apres nous avoir donné des exemples de toute la syntaxe prenés en maintenant de toutes les questions que je vous presente sans regles de serois trop long si je voulois vous en donner icy celles q̃ j'ay donné ailleurs ce peuuent estre doivent raporter icy; ainsi ce seroit une chose non seulement ennuyeuse mais dutout inutile de les repeter il ne faut que faire un peu de reflexion a tout ceq nous avons dit pour prendre garde que j'ay donné tres les regles des phrases q̃ je vous vay donner en pratique.

I°. question · quò · ou de mouvement de lieu

ou = vail .	R. a la ville
tantibi = eiatch .	R. outen = Ang .

question quâ · ou par ou ∝ .

par ou est il passé	= par la ville
tandibi = earimisiagouin	= outen = ang .

question, unde, ou = d'où .

d'où vient il	= de la ville .
tandibi = ouemougouin	= outenang .

question · ubi · ou · où

ou est il assis	= dans la maison
Tandibi = epitch	= mikiouam = ing

Trois choses sont a remarquer sur les questions de lieu.

1° [illegible] le mouvement d'un lieu a un autre, le lieu par ou l'on passe, le lieu d'où l'on vient, le lieu ou l'on est et toutes ces 4 choses se rendent tousiours en toute conionctura par le verbe Tandibi qui exprime ces 4 varietés, faites la reflexion sur les 4 exemples q̃ je viens de donner.

2°. remarqués l'ingmane dans le verbe de chaque phrase.

3°. notés que la responce dans toutes les quatre questions se fait tousiours en adioutant. ng · ing · ang · selon la terminaison du mot dont on se sert. ces regles supposent qu'on aura fait reflection a la regle que j'ay donné pour expliquer la preposition · dans ou an ou le mot inster qui s'explique par les finales adioutées q̃ je viens de dire.

2°. question d'espace de temps ou de distance de chemin ou d'un lieu en un autre.

vous supposés bien avec moy qu'une question demande une responce. ainsi prenés garde comment nous tournons en sauvage nos questions et nos responces; pour cela je pense qu'il n'y a qu'a prendre garde sans autre façons a nos manieres de demander et de respondre et de se former une idée pour toutes semblables locutions que nous allés remarquer dans les exemples suivants qui nous guideront pour toutes les differentes locutions que nous voudrés exprimer.

Combien de temps estoit il assis
Tanè = evighik = epigouban

durant trois iours il estoit assis
nissougounagativik = ivighik = epigouban
Tournés mot a mot
Trois iours = tout autant = il estoit assis.

quand est il venu = apres 3 iours
taninapitch = kichtagochin = kich = nissougou = nagativik.

113 +

12

Bistat Triduo.

Il y a 3 iournées. dikes.
nissougounahiganiouan. uel.
nissogounaghiskananiouan. uel.
nissoukigikouemagat.
il y a 3 iournées par eau.
nissougounaharegouat.

Je l'attendray a une iournée d'icy
nigapiha = kichninkoutougounaghis=
kamagat. qui ueut dire proprement
Je l'attendray apres une iournée.

3°. les questions De mesure

Long de 3 aunes.
nissounikesi. ueut dire —
proprement. a 3 aunes —

4°. les questions de prix.

Combien de peaux de castor
Tantassou = apipinikoué
estimes tu ton fuzil.
kitirakitan = kipaskisigan.
Je l'estime dix peaux de castor
nitirakintan = mitassou = apiminikoué.

Tanti. quanti
Tant. V.

Autant que
mi=irighik. uel
erighik. uel.
migaie irighik. uel
tetabiskoutch. v.g.
Je l'estime autant
mi=irighik. erakitaman
ma robbe de castor
nimatchioueian —
que tu estimes ton espée.
erighik = erakintamen = kichimagan.
Je l'estime moins.
nount = erakintaman.
Je l'estime plus. pluris
avioui = caioint aun=
=nerbe

parui, floci, nihili. minimi
de peu d'importance, de petit prix.
c'est une Belle chose. par ironie
kokouatat. uel.
nakatamish.
il est de peu de ualeur, c'est un tel homme
kokouatisi.
en autre sens on peut dire par
interrogation.
est il d'importance, de ualeur
kokouatisi na. cette derniere —
syllabe. na, est une interrogation
et aussi une marque de don. v.g.
tien uoila cela. na.

maximi. Beaucoup
il estime cela Beaucoup
oussam = ouaniva = oukiterindan.

5°. materiæ ex qua. matiere au
Tasse de pierre
Asseni = minagan.
Maison de pierre
Asseni = mikiouam.

6°. De paine

Je le punis du fouet
nipachagassehoua
Je le punis de mort. capite
nikichkigouechoua. mot a mot
Je luy coupe la teste.

7°. Instrumenti de uze

Je le tue avec une espée
ninisa, chimagan = nitaoun
uel — d'une espée = je me sers.
Je le perce iour a iour
nipachipahoua

8°. de cause pour laquelle
il est ardant de Colere
kichiraouethi. uel. viskatisi
il est en colere.

9°. pour exprimer une partie du corps bien ou mal affectée v.g.

Je tremble de tout mon corps
niningchiska = erigokoraoueian
Tournes
je tremble = de la grandeur de mon corps.

Derniere Remarque qui doit finir cette Troisieme partie De Notre grammaire

Deux verbes sans — Conionction se doivent tousiours Tourner Comme nous verres dans cet exemple suivant —

On nous enseigne a bien Viure
Tournés

On nous enseigne ==
kikakimigoumin =
Comme font
echitouachatch =
ceux qui sont gens de bien —
ka = mirouiriniouitchik =
uel comme font ceux qui uiuent bien..

Aide moy afin de sache —
ouitchihir = kithi = kikerindaman.
ou bien tournés.
Ayde moy = Je scauray. =
ouitchihir = nigakikerindetaj. =

Apres le verbe De mouement, ~~et au lieu~~ et au lieu de l'infinitif Le supin en um v.g.

Cupitum discedimus

nous Tournons cette facon de parler par une particule — qui signifie mouuement qui se dit = Aoui = qui — s'insere dans le verbe — apres la marque de la — personne v.g.

nous allons dormir —
nit = aoui = nipamin —

nous allons prier,
nit = aoui = aïamihamin

nous allons a la chasse
nit = aoui = avokemin. uel
nit = aoui = kiousamin. —

nous allons garder la maison, cabane &c
nit = aoui = ganaouaboukemin

va garder la maison, cabane &c.
aoui = gannaouabouker

va querir de leau sa dis Je
aoui = natir = nipi = kitirir =

Fin de la Troisieme Partie Dela grammaire

Quatrieme partie de la Grammaire Algonquine

Si enfin dans cette quatrieme, et derniere partie de ma grammaire Je vous mets aiour les adverbes sauvages, accompagnés des prepositions, interiections et conionctions, et particules et de quelq remarque utiles pour se servir ellegement de nos phrases sauvages Je me seray acquité de ma promesse, et j'auray mesme passé au dela en vous indiquant diverses facons de s'expliquer que je n'avois pas promis — Commencons donc par les Adverbes.

quand les latins parlent de l'adverbe ils disent que c'est une partie de l'oraison qui estant jointe à un verbe, ou a un nom, adioute une maniere, ou facon a leur signification, par exemple il escrit est un verbe, si vous y adioutés un adverbe vous adiouterés une certaine facon a la signification par exemple. il escrit bien. excellement docte & de mesme dans nostre langue tout cela s'observe aussi bien que chez les latins et s'ils ont l'espece la figure, la comparaison et l'ordre nostre langue se trouve ornée de toutes les parties

par exemple

L'espece est double

Primitive. comme. demain = ouabang.
Derrivée. v.g. demain matin = pesabang.

La figure est aussi double

Simple — comme — hier = ouragou =
Composée — avant hier = Aouesouragou =

La comparaison.

Positif. long temps = kinoura =.
Comparatif plus long temps = a'ioui = kinoura.
Superlatif tres long temps = ousam = a'ioui = kinoura.

La signification

De lieu

hic. ici ou je suis. oundaiié = hech = apian.
istic. la ou tu es. indaiié = hech = apin.
illic. la ou il est. akintaiié = hech = apitch.

hac par icy ou je passe. oundaiié = hech = avimiiaian —
istac par icy ou tu passes. indaiie = hech = avimiiaien —
illac par icy ou il passe. akintaiié = hech = avimiaatch —

hinc, d'icy ou je suis. oundaiié = hech = apian.
istinc, de la ou tu es. indaiié = hech = apin.
illinc, de la ou il est. akintaiié = hech = apitch.

huc Je viens icy. oundaiié = nitagochin.
istuc tu viens icy. indaiié = kitagochin.
illuc il vient icy. akintaiié = tagoching.

Adverbes de temps

un peu long temps. kinouvaouich.
maintenant = ningoum.
aujourdhuy = houmkachigak.
de temps en temps. quelq fois = nianikoatinour.
demain = ouabang.
hier = ouragou.

quand = tantapitch. uel. taninapitch.

Adverbes de nombre

une fois. nikoutin. uel. apitin.
2 fois. ninchin.
3 fois. nissin.
4 fois. neouin.
5 fois. navanin.
6 fois. nikotouassin.
7 fois. ninchouassin.
8 fois. nissouassin.
9 fois. chankassin.
10 fois. mitassin.

11. mitassin. achou nikoutin. uel apitin
si on veut aller au dela de ce nombre il faut toujours mettre mitassin achou et le nombre qu'on voudra dire jusqu'a 20.

2

Aduerbes dequalité

droitement = goueiak.
fortement = songa.
bien = { mirou } ce metent en composition
mal = { matchi }
v. g.
Je suis bien assis. Bien heureux.
ni = mirou = ap. 3.a I.
Je suis mechant homme.
nI = matchi = ixinionj.

D'affirmation

ouy = certainement { hi. mi / mi ouchi / avaoui / mitnnaoué. / he he. / kaghes. / saghihi / lignoble. sagouhou. }

Denegation

non = ka = uel ka = ma.
nullement. kaouatch.
point dutout. ka = napitch.

D'interrogation

estce toutafait. nouvim = na.
pour quoy. tandachen.
pourquelleraison. tandachouintch.

Derespons

cest pour cela. mi = ouintch.
cest pour cela q̄ Je fais. v. g. ideo
mi = ka ountchi = toutaman
ou nous voyes que cet aduerbe ce
met auec le subiunctif.

Dedoute

peut estre. pouri. uel. pakouach.

d'assamblage

auec ensemble. máma. uel — mamaoué.
semblablement, egalement.
tetabiskoutch.

D'appeller

hau. hola! Aia!

D'exhorter

sa = assou. uel nitchigoué.
Courage = aintichouãnin. =
ayes courage = aintichouégouin =
faites le genie. ou le diable a quatre
manitoukasouk.
fais le diable a quatre.
manitoukasour.

De Desir

pleut a dieu / Dieu ueille { kat. uel. kativakich. uel. avabik / ces 3 aduerbes regissent le subiun }

De demonstration

voila noble. aghihi.
voila pour lignoble. agouhou.

De similitude

Comme { koent = / kountigouch
oubien se exprime comme
j'ay desia dit deux fois ailleurs
par les finales. ng. ing. ang.
v. g.
il fait comme une famme
ikoae = ng = toua =.

De quantité.

tres peu = kasagachensouitch.
un peu = memanchich = agachens / memanchiche
Beaucoup = ouaniva = uel = ousam. nimpira.
tant q̄ = mi epitch. uel. mi evighik.
tant autant q̄ = mi = evighik.

Tout a fait = napitch.

Trop. = ousam.

tan soit peu = memanchich. uel. tepira.

Asses. mirighik. auec le subiunctif
dans la composition on peut se servir
de = Tepi = v. g.
J'ay asses mangé, dites —
nitepissin. uel. nitepi = ouissin.

†

De La preposition

La preposition, que nous devions plustost appeller la postposition, a cause qu'au lieu que les latins, et les francois la preposent aux ~~autres~~ autres parties de l'oraison nous la posposons, s'il m'est permis de parler ainsi, aux autres parties, et comme chez les latins elle est mise devant ou par apposition ou par composition, chez nous l'ordre est renversé car celle qui se met par apposition ou devant, tient le dernier lieu, l'autre c'est a scavoir celle qui est mise par composition tient l'ordre commun. et s'appelle inseparable estant mise au commencement ou a la fin voyez les exemples suivans.

Les prepositions

separables que les latins metent au commencement nous les mettons a la fin. v.g.

il va a la ville
igi = outen = ang.

dans le couteau =
mokman = ing.

~~d~~ans le chien
avimou = ng. ou nous voyez que quelq. fois = Ang. = d'autres fois = ing. et enfin = ng. qui expriment la preposition. An. ou dans se mettent a la fin.

Adversus. vel adversum vis a vis de ce costé ce dit
. tibiskoutch.

---

devant que de faste
hemachi = toutaman.
regit le subiunctif.

---

apud. chez, tournez la ou de. ou. tu = ou. il demeure.
hech = apitch. vel entatch.
regit le subiunctif

Circa. prep. Tchik. Kegat.
Circum autour. ouaka

Cis au dela du fleuve
Agáming. a est long.

de ce costé du fleuve
Agăming. a est brief.

Contra. contre. tournez
contre ma pensée.
hech = eka = iverindaman

Contra. contre. dites par exemple
il attaque ~~les~~ l'ennemy
ounoutinar = oupouacher.

---

extra. hors de la maison v.g. va akouatching = iriar –

in. infra. intra. ad. s'exprimen. par. dans.
en, dedans. en sauvage par ang. ing. ng. comme dessus
ad. &. v.g.

dans le bois. mitigou = ng.
dans intra. avaming.
dans mon corps
avaming = nihaouing = pintchiva.

---

iuxta. secus. auprès. tchik
auprès de la maison
Tchik = mikiouam.
cette preposition est veritablement preposition par ce qu'elle se met devant

---

Inter
entre les hommes les uns sont bons. dites
une partie des hommes sont bons
navint = ivinioueк = ourichichik
les autres ne le sont pas
une partie ne le sont pas
navint = Ka = ourichichi = sik.

ob cam. causam.
pour cette raison. mi=ouintch.
auec le subiunctif.

perespe. vereß. dites
c'est toy = veritablement = gouuernes
Kir = ountchita = Kitiberinta

durant deux iours pers. dies
ninchougounagac = ivighik

prope. cyprone auprès. Tchik.
uel. pechich.

post. après. Kich. uel. Kach.

praeter illum oep uidens v.g
tournés
il ny a que luy — il ne uoit pas
ouir = neta = Ka=ouabanke=si.

propter. ideo. Ka=ountchi. auec
le subiunctif.

secus. secundu. iuxta. pres.
Tchik

supra. super. pardessus.
pardessus le bois
ouakitch = mitigou=ng.

trans ultra. audela. Aouas=
audela de la riuiere
Agdming. uel.
Aouas = siping =
audela = de la montagne
aouas = pikouatinang.

versus de ce costé
hivvakera. uel. hivvakakera

usq. iusq. v.g. Tournés
iusq. Je mouvay = Je tayme uray
navaouach=niganis = Kigasakihir

tousiours
eiapitch

Les prepositions qui se mettent
deuant l'accusatif s'expriment
comme dessus et celles qui
se mettent deuant l'ablatif
se tournent comme s'ensuit
dans les exemples suiuants

Ab. Abs. a. ces prepositions
s'expriment par un verbe
v.g.
a mor-a-te. Je suis aymé partoy
Tournés
Il m'ayme pense de luy
nisakihik = nitireri ma
uel
tu m'aymes = Kisakih.

a maris a me. Tournés
Je l'ayme = pense de toy
nisakiha = Kitirerimir
uel.
a maris a me. Je t'ayme
Kisakihir.

Absque te sine te ambulo
Je marche, me promene sans toy —
Tournés
tu ne m'acompagnes pas, moy marchant
Ka=kiouitchiouisi = pemouseian.

Cum. auec s'exprime par un verbe
v.g.
Je vay souuant auec toy
Tournés
Je t'acompagne
Kiouitchiouir
il marche auec son fils
pimousé = Kiki = oukouissiter
s'exprime auec la particule Kiki.

Coram. me loquitur. tournés
Je suis assis J'escoute
nitaps = nipinsintak

palam. en publiq. michis.
Clam. en cachete. Kimout, Kimout
De. e. ex. ountchi.

du feu sort le serpent
iskoute=ng = ountchisé = Kinebik

præ. marque de preferance

præ nobis furem amas Tournés

entans tu aymes, plus en verité

he= = Sakihen = avioui =

tu aymes celuyqui derobe

Kisakiha = Ka = Kimoutitch -

pro foribus, a la porte =
iskouantang.

pro. pour. en contre eschange
miskoutch.

pro nostra amicitia. obedi mihi
Tounés

nous nous entreaymons = obeys moy
Kisakihitimim = pamitaouiv.

ore tenus. iusqu'a la bouche
outouning = irighik

Sub subter, infra. in.
dessus | desous, dedans, en
ispiming | aráming

De linteriection

Linteriection est une partie de lóraison ou dun discours qui exprime la passion de lame par une voix qui ne se decline point. et il y a plusieurs significations aux interiections. par exemple

dun qui se reiouit.

voila qui va bien { ho. ho. ho / Koueirvatch / ouenakima / ourichichin }

dun qui admire

voila qui est estrange { astouanghiv / makatakh / erabikitch / tandachirakich }

dun qui porte compassion

voila qui est pitoyable { makatakh / Ketimagat / Ketimaghisiny }

dun qui sindigne

mechant { chien / feu } { matchi { Aouas. / che / avim / iskouté }

ame de trepassé { tchipai = zen-

cest la plus grande iniure des sauvages.

paresseux. Kitimi

il ne faut que dire ce mot quelque fois a un sauvage pour le faire resoudre de sempoisoner

Tues une famme

Kitikouéoui =

famme ikoué

mechante famme =

matchi = ikoué

ces iniures faisont resoudre un seul sauvage daller a la guerre a 2 ou 300 = lieues loing pour y tuer le premier homme ou famme quil trouvera, pour quil se puisse vanter quil scait tuer les homes

mechant chien, ce dit encore

Tchipai = avim

Aiaougouin ce mot est une grande indignation.

De la coniunction

La Conionction cest une partie de lóraison ou du discours qui lie les autres parties les unes avec les autres pour faire un sens dans le discours, il faut remarquer diverses choses dans la conionction.

1°. q[ue] toutes nos conionctions se reduisent a celles que de nay marquer.

2°. que lors que de me trouvay avec le subiunctif cela veut dire que la coniunction que de marque est emportée par le mot duquel dont il sera question qui demā toujours se rapporter par le subiunctif et a la personne dont il sera question.

3°. que de ne me mets point a vous donner toutes les differences des coniunctions, de me contente de vous les donner toutes sans parler de positions [illegible] et autre tel —

121
6

+

embarras. prenes donc simplement toutes les coniunctions q. les gramairiens remarquent, faites en indifference &c. il vous plait dans les exemples.

toy et moy auons marché.
Kir = gaié = nir = nikichpimousémin.

et / que / etiam / ac / atq. { dach / gaié / Kir = dach }

Cum / tum { s'exprimment par le subiunctif

uel / aut / ue { ou. dach = uel. gaié.

Siue / seu { soit toy. pouri = Kir : soit moy pouri = nir.

nam / namq. / enim / etenim { Car. illé = uel = Ketna

par exemple

Car Je ne scay point mentir
Tournés.
Comme si Je scauois mentir
Ketna = ninitaKiraouisK =

Car. c'est a scauoir, parceque c'adir
illé = uel = illi

quia = parceq. illé. oubien = illi.

quod. qué. Ka.

quoniam / quandoquidem { dautant q. illé. oubien. illi.

ergo / igitur { donc dach.

ideo / itaq. / idcirco { c'est pourquoy. Miouintch. uel. miKa ountchi. toutamen c'est pour cela q. Je le fais :

quamobrem = miouintch.

quidem / equidem / uero { certainement { mi = ma, mitanoué. uel. miKouti. ountchita = miouchitheha = Kaghet.

At / Ast / sed / Atqui / tamen { mais. aiagama = navama = aiega.

quamuis / bienq.; eriouké = eriouek.

uerumtamen, neanmoins. navama dach.

quamquam / etsi / tametsi { Bienq. eriué = eriouek.

nec / neq. { ny toy = ny moy
Ka Kir = Kagaié nir =

si. auec le subiunctif. v. q.
si Je l'ay me. sakihaK.

sin minus. du moins = KavaKich. v. q.
si du moins J'auois eu de l'esprit
KavaKich = vibouaKaianban.

sin minus / ni / nisi { si du moins tu ne fais cela
eKa Ka = toutamen
tu seras fouetté
Kigapachagassehougou.

quicum is. auec qui vas tu
(Tournés,
qui est ce qui t'acompagne.
Aouennin = Kiouitchiouhik.

quoq. / Item { Aussi. Dach

ut. afinque. itchi = Kitchi = illé = illi.

toy parceq. tu es bon
Kir = illé = Kkitcheouatis.

e contra = au contraire = Teoqouetch

donec uiuam, tant q. navaouatch

in. usq. aubout. tout a fait. Tegach.
quandiu, autant de temps que
KetaKou. v. regit le subiunctif.

Je pourrois icy finir la gramaire puisq. ineuitablement J'ay traitté de toutes les parties ; mais comme J'ay promis les particules auec diuerses remarques q. Je ferais en vous les donnant prenes les au commencement de ces lignes suiuantes

embarras. prenés donc simplement toutes les coniunctions q̃ les grāmairiens remarquent faites en Indifference sil vous plait dans les exemples.

toy et moy auons marché.
Kir = gaié = nir = nikichpimousémin.

et / que / etiam / ac / atq̃ { dach / gaié / Kir = dach }

Cum / tum { sexpriment par le subiunctif

uel / aut / ue { ou. dach = uel. gaié.

siue / seu { soit toy. pouri = Kir : soit moy pouri = nir.

nam / nam̃ / enim / etenim { Car. illé = uel = Ketna

par exemple
Car Je ne scay point mentir
Tournés.
Comme si Je scavois mentir
Ketna = ninitaKiraouisK =

Car. cest a scavoir, parceque cadit
illé = uel = illi.

quia = parceq̃. illé. oubien = illi

quod. qué. Ka.

quoniam / quandoquidem { dautant q̃ / illé. oubien. illi.

ergo / igitur { donc dach.

ideo / itaq̃ / idcirco { cest pourquoy. Miouintch / uel. miKaouatchi. toutaman / cest pour cela q̃ Je le fais.

quamobrem = miouintch

quidem / equidem / uero { certainement { mi = ma, mitanoué / uel. miKouti. ountchita = / miouchi = he he = Keghet.

At / Ast / sed / Atqui / tamen { mais. aiagama = navama = aiega.

quamuis, bienq̃, eriouké = eriouek.

uerum tamen, neanmoins. navama dach.

quamquam / et si / tam et si { Bienq̃. eriué = eriouek.

nec / neq̃ { nÿ toy = ny moy / Ka Kir = Kagaié nir =

si. auec le subiunctif. v. g.
si Je layme. saKihaK.

sin minus. du moins = KavaKich. v. g.
si du moins Jauois en de lesprit
KavaKich = vibouaKaianban.

sin minus / ni / nisi { si du moins tu ne fais cela / eka ka = toutamen / tu seras fouetté / Kigapachagassehougou.

qui cum is. auec qui vas tu
Tournés,
qui est ce qui taccompagne
Aouennin = Kiouitchiouhik.

quoq̃ / autem { Aussi. Dach

ut. afinque. itchi = Kitchi = illé = illi.

toy parceq̃ tu es bon
Kir = illé = Kicheouatis.

e contra = au contraire = Teoqouetch

donec uiuam, tant q̃ navaouatch
usq̃ au bout. tout a fait. Tégach.
quandiu, autant de temps que
Ketakou. regit le subiunctif.

Je pourrois icy finir la grāmaire puis q̃ veritablement Jay traitté de toutes les parties : mais comme Jay promis les particules auec diuerses remarques q̃ Je ferray en vous les donnant prenés les au commencement de ces lignes suivantes.

Ka=toutaman= Ka=iaintoutaman
q' Jay fait = q' Jay fait souvant.

Aïaiitch = a son tour.
maratachi = na = Kaiaiitchi = —
est ce chose mauvaise = a son tour

aouia = nouatini ouitchik —
que quelcun batte ceux qui se batent.

Aiaskout = arimitagousita.
lun apres lautre = discouvons.

Aiaiiou = Ka = nitiia = si.
pour toujours = Je ne vay pas.

Aiantch = Kitakous! na
en empirant = es tu malade
plus ✕.

Aïapitch = pikouatina
despace en espace | il y a des
de proche en proche
de temps en temps | montagnes.

Aïapitch = kinisitoutour
de fois a autre = Je tentens —
Jentens ta langue

Aiarima. uel. irima. iiiouek
Beaucoup = ils sont allés

Aiaroutch. uel. aroutch = nigatiia —
deca dela = Jyray —

Aiéga = nigaouisin.
nonobstant = Je mangeray.

Aka = uel. pikoutchhaka = uel Koutchhaka
puis lun = puis lautre
pikoutchhaka = niouanevindaner
puis lun puis lautre: Je le oublie —
Koutchhaka = nipouek
tantot lun tantot lautre = ils meurent

Aka = tchakihintoua —
Lun apres lautre = on le achene —

Akouatching = apir —
Dehors = assis toy =

Akou. uel = agou Tantsquamdiu
Ket akou = irinioüanin = mi = ket akou = tepouetouran
autant de temps de vie viuray = ce autant de temps que Je te
croiray =

Amant = iij =
oui il ne faut pas = il est allé.

Amant = evabitch = kanipisintagousi = =
ailleurs = il regarde = on ne me escoute pas —
Amant regit lindicatif et le subiunctif —

Amantina = nigatianaban —
sans suiet = Jyvois.

Amantinga = iijouek.
dun autre costé = ils vont.

Angou = goun.
fond = la neige.
Angou = chinkipis.
flusse = la posthume.

Anikat. par succession.
de ce mot se composent certains
mots qui signifient quelq' —
conionction. ou union. v.g.
anikat nitackama.
Je luy donne a manger ce quon ma donné
Anikat kikinohamaouir
enseigne moy ce quon ta enseigné.

Aninga = aïagouamas = kekinohamouran.
avec beaucoup dardeur = Je tay enseigné.

Antch = Aiantch = davantage plus avant.
Aouas. Antch iiiar. ua audela = plus avant
Aouas iiar. ua tan = retire toy

Aouas = iiiar = sakahar = kichinkerimir
ua tan = sors = Je te hays
cette phrase dite par un mary a sa famme
ou par une famme a son mary fait faire
separation et rompre des mariages de dix ans

Aouas = nipinoung
le printemps passé.

Aouas = kizis
le mois ou la lune passée.

Aouasaminik = un peu plus loing.
Aouas = neiasing. au dela de la pointe.

Aouatch = iusq' A =

Aouatch = arimouek = nipouek —
iusq' aux = chiens = ils sont morts —

Aouatch = ikouéouek = sasegak.
iusq' aux = fammes = elles sont superbes

Aouennin = indaiie = apitch —
qui est ce. uel. qui est la assis —

Aouikouchkatch = a contre cœur
eka = aouikouchkatch = minchikon
ne me donne pas a contre cœur —
Ka = i = aouikouchkatch = kinantoutamou
sirou
ce nest pas a contre cœur que Je te demande
quelq' chose. de nobis suple.

Apitch · quand
ningoum · dach · apitch · nipiang
maintenant · et · quand nous avons ·
cette particule demande le subiunctif ·

Nountapitch
Ketna nountapitch = iisiouek · ·
comme s'ils n'estoint pas allés encore ·
Ketna nountapitch = sakia
comme si on l'aymoit peu

Apin · pour la derniere fois ·
Mi = apin = ourágou = segasoueian
c'est pour la derniere fois = hier ie me suis fumay —

Apin = Kitour ·
ou une bonne fois = parle · regit le subiunctif & indicatif ·

Aramakamigoung = te =
dans la terre = il est =

Aramibagounang = ouisini ·
en cachette = il mange ·

Aramibing = te =
dans l'eau = il est =

Aráming = pintchiva
dedans | dedans ·
dessous | dessous ·

Araouatat = cela ne vaut rien
Araouatchimou = ne dit rien qui vaille
Araoui : en effet · nitapouat =
Je crois

nit'Aroui = ouich = ouisin
en verité · Je veux = manger ·

Remarqués icy une des plus grandes difficultés de la langue sauvage c'est — qu'il faut sçavoir que nostre langue — composée souvent et de 3 ou 4 · voire 5 mots elle n'en fait qu'un · exemple ·

Araoui = tout seul signifie en effet —
ouich = tout seul · n'est qu'une marque de vouloir et tout seul ne signifie — rien, ouisin · tout seul ne signifie rien · mais ioint a la marque — de la personne signifie quelle chose nioúisin Je mange · Ioignés — donc toutes ces pieces et vous — trouverés q[ue] dans un seul mot, composé de plusieurs vous diviz
nit'araouiouichouisin = en effet Je veux manger

cette composition est si frequente parmy les sauvages que la chose en est surprenante et admirable et il se trouve des mots qui ont plus de cinquante lettres comptés les lettres du mot suivant et vous en trouverés 51 ·
Kigakichountchitaouichkicheounkimaovinikaraouabanik
en verité nous eussions voulu le faire grand capitaine 45 —
Je me souviens d'avoir autrefois trouvé de tres beaux mots de 56 lettres &

Nipouaraouiton = arokouin
Je ne puis pas = la chasse = chasser ·

Avi = pimousé = marche en dela
nit'avimous · Je vay en dela 3a. é ·
avimousé il marche en dela ·

Aribé · cela panche ·
Aribé = nitap · Je suis assis au panchant
Aribésin = ourágan, le plat panche ·
Aribochka = tchiman = le canot panche

Arichigich eka toutangen
du moins = ne fais pas cela ·
nimpiva = ka = matchikaouanghir
qui est beaucoup mechant = mauvais ·

Arichiv = i = ma = nintik
en vain = deuray = me dit il ·
ivabi = aiatapa
il regarde = ailleurs, ou il ne faut pas —

Arimat · difficille, difficillement

Arioui = nisakiha = Jesous = he
plus = i ayme = Jesus = entens
sakihitisouian
Je mayme moy mesme ·

Ariouat = nipouin ·
est meilleure = la mort =

Aroutch · nipisintagouk · uel
Koutch aroutch nipisintagouk
par maniere d'aquit = ils m'escoutent ·
Kount aroutch = nipisintágouk
comme = a les sourdz = ils m'escoutent ·

Kount = aroutch = pimité
comme = de vilaine = graisse ·

Assou

cemot mis au commencement d'une phrase signifie · pour le moins.

Assou = pira = apitaouik
pour le mois = un peu = de place faites moy

au milieu du mot n'a point de significaon particuliere

Nigataouassoumich = Je me chauferay un peu

Assou = pira = gaié = nir
du moins = un peu = et = moy = aussi =

nigataou = assou = mich Je me chaufferay un peu.

cemot mis ala fin signifie = viste.

Atour = assou = quitte cela viste

pintiker = assou = entre viste.

matchar = assou = uatan viste.

Kiripir = assou = presse toy.

mirighik = assou = c'est assez.

Kioueta = assou = allons nous en viste.

Assakami{r/k · Beaucoup.

Assakamir = emikouan beaucoup de cuilleres

Assakamik = iviniouek · beaucoup d'hommes

Atchiouak · long temps · se joint toujours avec une negation · v.g ·

Ka = s = atchiouak = nigatisi ·
Je ne feray pas long temps cela ·

Atchira = kitoutan
avec paine = tu fais cela

Abita = ouagam = agouintin = tchiman
au milieu du fleuve = est a lancre = le canot

Boua

ne signifie rien tout seul · en composition · signifie peut estre v.g ·

Ka = Boua = nipisi · peut estre il n'est pas = mort

— faites icy une Belle remarq

Sur le mot de Ka nipisi · il n'est pas mort selon la regle generalle des negations — il faudroit dire · Ka = nipoua = si · car le verbe ninip · Je meurs, fait ala troisie= me personne sans negation nipoua — et non pas · nipi · il est mort cependant il faut dire Ka nipisi et non pas — kanipouasi · parce que ce verbe est irregulier il faut prendre la figurative de la — premiere personne du plurier du pres= ent de l'indicatif qui est au · nin · j · il — s'ensuit qu'il faut dire Ka = nipi = si et nompas Ka nipouasi · cette regle doit — estre gardée aux autres verbes irreguliers ceux qui scauront ou qui iront voir la regle des negations de l'indicatif comprendront d'abord cette regle.

Chachaié · il y a long temps · cela est fait ·

kikichouisin na? chachaié ·
as tu mangé =? il y a long temps &c ·

Chachaiens · un peu long temps ·

Chai · Bientot · viste ·
Chai = kigapamitour —
Bientot = Je to leyray — —

Cheker = viskatisi ·
sans raison = il se fache ·
cheker = nitagochin ·
sans dessein = J'arrive ·
cheker = nigakachkevindanaban ·
en vain = Jamais j'eusse vois

Chemak = iii =
plus outre = il est allé ·

Chichoutibik · le bord ou l'eau touche la terre

chik agam = chimer =
pres du bord = rame =

Chouatch = nitakous —
un peu moins = Je suis malade —
chouatch — nitavamanchi ·
un peu moins = de mal de sens
chouatch = kiraoué = minikouer
un peu moins = en deca = bois
le mot de kiraoué est fort elegent dans cette — rencontre, et le sens est assez bien quoyque metaphorique ·

Dach · et · Tach · signifient aussi

Eciapitch · Toujours

Eiagöuamas · d'autres disent Aiagouamas ·

Aiagouamas = ouasinian rotit · subiunctif
avec affection = Je mange ·

Eiagouamatch eka pemoutetch, eka — ce n'est pas sans raison = qu'il ne marche pas, qu'il ne ouisinitch = keger = akousi
mange pas = en verité = il est malade

ettiné = akousi = kach = ouisinitch
tout d'un coup = il est malade = apres = qu'il a mang

pitchibouitouk · peut estre est il empoisonné —

+ 1265 11

eka = ouibetch = Tagochinen
si = dabort = tu narrives

eriga = ouisinian
non obstant de commencer y amanger.

ekouak = miekouak. autant q̃ cela.

emantchis. et. memantchis = minchir
. un peu = donne mèn

erdachoutch tepouetamen
pour quoy = crois tu.

epitchak. que dicy la. vq.
mi epitchak. aussi loing que dicy la.
mi epitchak = pipoun = Ka nipithh
etoit a ce point = l'hyver lors qu'il mourut

epougouat.
mouns = ouhias = mi = apougouat
d'elorignac = la chair = cela a le goust.
mi epougousitch = pimisi.
cela a le goust = de languille.

Ketna nigout epougouatour.
Come si cela = auoit quela goust.

eraghis = KiKiKam –
Hoque! – tu me reprens bien.

erabighis = na. nigatinaban
o Dieu! feroi'je bien cela.

eriga = nigapous –
nobstant = je me rembarqueray.

erigokouagamigarik.
par toute la terre.

et. cette petite particule se met
tousiours ala fin du verbe et au
subiunctif, et signifie le verbe
oposite il faut K. vq.

Katirakich = pimouleian = et
pleut a dieu = quil fallut q̃ je marchasse

Kigamnaouakitirinaban
je te visiterois =

Oaiach. ha helas.
gaiach = entouanin.
helas = que feray je.
oaiach = ekaka = ouach
voila qui va mal = que nous navons

tepouetameg:
pas croire:

hemachi = pouasian –
devant que = je m'embarque
regit le subiunctif.

ha = mi = ouir = Ketoutch
est ce = luy = qui parle

hahami
Kount = hahami = kiseiens = ka = nanoundagousitch.
il semble que ce soit = ton cadet qui est entendu parler.

he. par ou.
tandibi = he = ouich = amouatch
par ou = en veut = il manger.

hech. gres. la ou.
hech = apian = apir =
la ou je suis assis = assis toy =

Kouegounen { ho. quest ce. quand on le tient
he. quest ce quand cest un peu eloigné.
hi. quest ce quand la chose est proche.

minister = he = pamitagouinting.
La ou les isles = se traversent.

heig eka. d'autres disent mieux
hech eka = nogousitch = ninoundaoua.
Bien si il = ne paroist pas = je l'entens parler.

henagam de ce bord. costé X.

hentibi
hinkibi } La.
hintibi
indibi

ma = hindibi = gouiak = iiar.
La = droit = va

aiatapa = Kitiia.
la ou il ne faut pas = tu va.

hi. se ioint avec = ouintch.
ounitiianiser = hi = ouintch =
son enfant = pardeça il
tepouetamiritch = ounisigour
il croit = il la tue

hiakou = ke = sasegaouanin
autant de temps q̃ = tu seras superbe

Kagakisakihigousi –
on ne t'aymera point.

Kaga: est mis par contraction au lieu –
de dire KaKigasakihigousi.
nos sauuages uzent parfois de cette
elizion au futur. et disent. Kaga.
pour dire KaKiga. ou. la syllabe = Ki =
est obmise.

hikan / nikan { tibik == ninigam
toute = la nuit = Je chante.

nikan = pipoun : tout l'hyuer.

himi = ka = ianban : c'est ce que Je disois.

hin = gouaiak = Kizis = nassikaouir.
estant la droit = le soleil = viens moy trouuer.

hindibi[illegible]akera uel rakakera =
en dela = de ce costé la.

hounga = irini : est ce cet homme.

hi = na ivinj : est ce cet homme.

houndi = kechk = paiakouach ==
en dela = attans = peut estre ==

mavetour = pipouner
beaucoup = d'hyuers. cela ueut
dire il y a peut estre encore beaucoup
d'hyuers a passer.

Aiachit = iij = il ua et uient promptement

Aiaiakou. et : iakoui et aiakoui
Au depuis

marek = Kizisour = aiaiakoui
Beaucoup = de lunes = depuis qu'il
eviniouitch
est nay.

iaouich == nigatagochin
le mesme iour = Je retourneray.

iaouich == nigakitous
bientost = Je partiray.

iatapa == aking.
en autre = Terre.

ichi = na ivinionek
dont cela? ces hommes.

ikich ==== ouisinir
cependant == mange =

tagochin = ikimimichi = uel kikimimichi =
il arriue = sans rien parler.

ikoutch. uel pikoutch minchir
seulement === donne moy.

irap = pouri = kitaiekous
un peu = peut estre = tu es las

irikat = kasapitch = minch
en dela = qui est assis = donne luy

irighik.
Agou = irighik = minchir
de cette grandeur = donne men.

mi = irighik - assez.

mi = irighik = kapattaoueian aiakoui
voila tous les pechés que j'ay faits depuis
apin = ka = konfessiouianban
la derniere fois que Je confessay. ce dernier
mot a esté estably par my les sauuages chrestiens
et fait sauuage, en le tirant du francois.
ils l'entendent a present tres bien aussi bien
que celuy de nitaramessik. Je dits la messe
graviouin. grâce, hostiouis, hostie, voila
tous les mots que Je sache qu'on ait fais
sauuages auec, enfanting, enfance.

une autre fois Je uis rire un sauuage
qui uoulant dire une phrase francoise
la composa partie de sa langue et
partie de la francoise. uoulant dire
Je te casseray la teste. il dit
Kiga = kasara = la teste iouir. ou uous
uoyés qu'il n'y a de sa langue Kiga =
le reste est francois corrompu, iouir est
forgé a la sauuage. le mesme qui
sçauoit un peu de francois se plaisant
a rire parfois forgeoit quelquefois des mots
tres agreables en uoycy un autre
qu'il composa apres auoir entendu
quelques francois qui pour dire allons
boire disoint allons tremper nostre pain
le sauuage me uoyant me dit

Nououfé niuichtrampineoui
mon pere Je ueux boire quoy qu'en
sa langue il faille dire
nououfé niouich = minik
mon pere Je ueux boire. cette
petite digression uous diuertiray
reuenons a nostre suiet.

irima. uel nimpiva. Beaucoup.

irin = mentamin
du uray = Bled dinde
du commun.

irinjnipoua na
c'est il mort de mort commune

irin = tchiman. commun canot.

irin = ouigouas. commune escorce.

irisatch = Ka = ni = ouich = ouisini = si ...
kaniouichouisinisi · tout un mot ..
va · = Je ne veux pas manger ..

issé = issi · parceque ·
issi = ka = nountchi = ouisini = si
parcequ'il ne veut pas manger · avec indignation

issiva = nantaouabamik =
allez donc = cherchés de la veüe · allez voir ·

ita · uel · eita = atcouek · ils sont des 2 costés ·
eita = nipaouik = hech apian ...
des 2 costés = tenez vous debout = la ou de suis assis ..

itouk = na pakouechigan = itouk = ouhias ·
est ce du pain —— ou de chair ·

Tanimitouk : Je ne scay lequel ·
qui est ce · des deux ? quà scay Je
aouennin he = ninchiog · tanimitouk ·

Ka · ces deux lettres —
expriment · qui · que, qd ·
qui · quelle · lequel · avec le subiunctif · Ka · aussi exprime les negations Joint avec = si ·

Kach · Kich · expriment · qui = que qd · et reveillent le subiunctif · & · qd. ils signifient le temps passé ·

Aouennin Ka = Kitoutch —
qui est ce = qui = parlé ——

ouibetch = Kach = ouisinitch = kintousé ·
d'abord = apres quil = a eu mangé = il est party

Ka · signifie aussi · tout seul · non ·
kikikevindan na ? Ka · uel ·
le scais tu —— non ·
· Kakouti = nikikevindansin ·
non = Je nén scay rien =
Kaouatch = point du tout ·

Ka · uel · ika · uel · ouka
adiouté · a la fin dun mot signifie
quil y a abondance de quelq chose

par exemple · Miniiaska ~~ka~~ ~~ska~~ ka ·
il y a de l'herbe =
kikouns = ika · il y a du poisson ·
Arimouka = il y a des chiens
mounsouka = il y a des orignaux
remarqués quil n'y devroit proprement avoir rien quun ka · a la fin · —
mais · I · oubien · ou · sont adioutéz pour eviter la rudesse du mot ·

Ka · denote aussi la cause pourquoy
mais il faut sous entendre ouintch · uel =
hi ouintch ·

sioun ~~ni~~ la Batu, c'est parceq il est superbe
pakitchountch, hi ouintch = salegatch —

Je veux estre payé = satisfait ~~[illegible]~~
ni = ouich kiiikagou ·
parceq on ma faché · mis en colere
hi ouintch = Viskihigouian · uel · Kaviskihigouian ·

Kachkik = nipaoui ·
devant = il est debout ·

Kaga : l'un apres l'autre

Kaiasikat = nógousi ·
tout d'un coup · = il paroit

Kaiich —— nitirinious ·
Je suis resté seul = envie ·

~~kk~~ Kakabich = nitarimitagous ·
par fois = Je discours · parle ·

Kakeribach · nikitannou
Bientost = Je mange tout ·

Kakik = kiouisin —
tousiours = tu manges ·

Kapahing = metisoutch =
voila qui est bien = quil brule

eKaKa = ouich = sepouesang ·
a cause quil n'a pas voulu croire ·

Ouenakima · voila qui est bien
ce mot · se prent en bonne part et le precedent par ironie ·

Kavakich = kir = iiakan
du moins = toy = vasy ·

Kas · est une marque de fiction adiouté apres la figurative d'un verbe ou apres la derniere voyelle du nom
nounkimakas · Je fais le capitaine ·
ninipekas · Je fais semblant de dormir
nipapikas · Je fais semblant de rire

Kat · uel · katirakich · avec le subiunctif
pleut a dieu ·

V A

Kata = est une particule qui se joint a toutes les Troisiemes personnes du futur de l'indicatif & aux verbes neutres en . A . e . i . ou v.g.

Katasalega = il sera superbe

Katapimousé = il marchera —

Katapapi = il rira ——

Katatibevindisou = il se gouvernera.

KataKimiouan . il pleuvra —

KataKoutachinaniouan . on craindra l'ennemy . &

Les Autres verbes prennent

Ouga = au Troisiemes personnes

ougapamitaouar = il luy obeyra.

Ke : est la marque du futur qui s'exprime par le subiunctif

v.g . Taninapitch = Ke = Kikegouin quand sera-ce = qu'il = guerira

Keach = abikouheon vieux = bonnet.

KechK = Kitivin attans = te dis je.

KechK = iviniouian . tandis = je vivray .

KechK = tagoux = aditchiminer encore = il y a = des poix pisa.

Keg . enfin .

Keg = pierre = ira = nicolas enfin = pierre = il s'appelle = nicolas

pivaouigou = iraban depuis longtemps = il s'appelloit.

Keghat = nepitch presque = mort .

Keghet , en verité .

Kount = Keghet — comme = s'il estoit veritable d'un tableau bien representé .

KiKiKheb . de bon matin .

Ketna = Kiviboutak . come si = tu avois de l'esprit .

Kekouchis = touter . que les choses = fais .

Kesiskabat = Kitacham = Ketna c'est en vain = que tu me donnes a manger = come si

nigaKich mitchinaban .
je pouvois manger . je mangerois .

Khi . marque de pouvoir . v.g .

endach = Khi = segisian .
pourquoy = craindrois je .

nara = inou = Khi = pouvaouitouian .
voila bien de quoy , pour que je ne le puisse faire

Nában . je pensois c'est une particule

Kiiatch = Kiouindamour
par avance = je te le dis =

Kichinatch = nipoua .
Contre mon attante = il est mort .

Kiché . marque de grandeur —

Kiché = mikiouam
grande maison —

Kichiouak . pas loing .

Kit . marque d'abandon
ni = Kit = chikovej . je quitte ma robe .

KiKi . avec .

KiKinaouach = ouich tapouetamen
pour marque = que tu veux croire

Kimoutch . en cachette

Kinoura . long Temps

Kinouraouinch . un peu long Temps .

Kir = asKout = achouamarisour .
toy a ton tour = fais le guet = sentinelle .

nir asKoutan — nivitam moy
Kir asKoutan vel Kivitam toy — enfin le premier
Ouir asKoutan — ouivitam luy

Kiraoué = iiiar
un peu au dela = va .

Kiriga . d'un et d'autre melange .

KoKouatat = voila bien de quoy

Kouaouint = salega .
semble estre = superbe .

KoueKouek = irabougou = mikouam
va et vient monte et descent = la glace —

Kouivoumat = nipamitaoua =
avec paine = je luy obeys =

Kouki = derechef.
Koutang. dernier. derriere.
Koutanang. par derriere.
Koutachinagouat. epouuantable.

MA. assurement.
Ka=ma. noncertainement.
Ka=machi=ouabanfinou.
il nesspas encore iour.
Makaghihi. le uoila d'une chose noble.
Magouhou. la uoila d'une chose ignoble.
Maia. autrement quil ne faut.
maiatapa. d'une autre facon.
masaghisi = il est d'une estrange humeur
oumaie. bientost = dans peu de temps.
maiera = ouisinir: mediocrement mange
mama = kakina = gitour
ensemble = tout 2 = porte
mamisKoutch = l'un apres l'autre
mamanch = ala haste.
Ka=mamarabatch = nigatira si oua.
Je ne luy diray rien de mal
maming = aual la riuiere.
mamitinga. cela est horrible. quand
mamitchich. pour la derniere fois.
mamitnouitou. il parle pour la derniere fois
manak. uel
maninak. Kaiakousin
uoila qui ua mal que tu es malade.
Maou. ce ioint a un uerbe ce monstre quon ua faire quela action
Ki=maou=acham
tu me uiens porter a manger
Maroutch=nimporte.
maroutch=teiaouitch nimporte
mallanak = separement.
memallanak=idem.
matchak = uatan =
matchak = allez uous en.
matchar = nikiou=adieu=Je m'en uay.
mechagouam = ordinairement.
messoutch = souuant.
michaoue = depuis une fois. puis apres.
mikouchkatch. importunement
miminoung = nitapinaban
la mesme = Je suis assis.
minaouatch = encore.
mirouagach. uel piraouigou.
il y a long temps.
Mirouse. cela ua bien.
miskoutch. en contre echange.
mitchi = agir. aterre = assistoy
mitchichim = nigatakama
sans canot = ie passeray la riuiere.
Moua. chut escoute
mouetch = iustement.
mimouetch = erevindaman
uoila iustement ce que ie pense.

Na. interrogation
naa. est ce ainsi
mi=na=ouir = marik.
est ce = luy = qui te la donne
nakaoue = en passant
narika = pour un peu de temps
nanta: marque quon ua chercher
ninanta ouabamak=anikouek
Je uay chercher uoir = des castors.
nantak. a costé du chemin.
nanta=ouich=achamir
cherche a me donner a manger.
napavakich=en auance
napéra = hors de temps.
nava. en uain sans dessain
nava=nisi. sans dessein Je dis
que demandes tu. kegounen=nantoutamen
nava. rien. uel. kakouegour.
navakitchigamiouan: ce nest que lac.
navaouat = aki = cette terre ne uaut rien.
nava = sakihatch = mi ke ountchi
parceque = tu laymes = cest pour cela
gagarourtatch.
tu luy parleras.
navama = sakihiran = mi ouintch
parceque = Je tayme = cest pour cela
achamiran
Je te donneray a manger
naviming. au haut de la riuiere des bois.
navint. quelques uns
nassitamisse = incommodement
nen = pour dire na.
Kougounen = ouhiassinen.
de quelle chair est cela.
nerout = Kanogousitch.
la premiere fois = il paroit.
neta = nitagochin.
tout seul = Jarriue.
nizchina: de loing.
nigan. dans quelque temps. uel aieskatch.
houndibinisan. ides. et mieux.

V.K

-1-

pimagam = un peu a costé de lautre. bord

nike = nikachin. droit.

ningout = nimivik. il m'en a donné un.

Kanigout = Kigatoutagousi =

on ne te faira rien. point de mal.

Manikoutinour. parfois.

niraouat. cela est propre.

niraouisi. il est propre. à ✕.

niraouisi = goun. la neige est propre

pour marcher.

nir askout = a montour.

nisita =

Kanisita = insinou = il n'en sçavoit rien

Nita. c'est une marque de — — — pouvoir. ou de coustume — — qui se met dans la composition. v.g. ni = nita = ouabantan — depuis ou j'ay coustume de regarder.

nitchigoué = pousita. —

poiragan = embarquons nous =

nount, signifie l'interruption d'une action. nountisKquaqué. il n'a pas dit encore tout. — —

nouragimin. = nous manquons de plat

|ou|

est une marque de possession dans la composition. v.g.

nouthiman. J'ay un canot

ouaki = riskatisi.

il se fache = doucement.

ouaki = a pier.

assis toy en paix demeure en paix —

ouananouich = ouakapouj.

a grand peine = se tourne il.

~~ouaouanatch~~ = [illegible]ua
a set roundy
alaveugle. = il fait.

= ni ouaouiakitaoua.

je me ris de ce qu'il dit.

ouaouiachinagousi.

cela paroit beau, agreable.

ouassa = nigahia.

bien loing = j'yray.

Ka ouchi. point du tout.

ouchi. neuf.

nouchkikowai.

jeune rabbe niouae.

ouentat. cela est aisé.

ouiensich. facillement

ouientisi. cela est facile. dare. nob.

Ka ouentan = sinour.

cela n'est point aisé.

ouaribik
ouaribikouchich { en peu de temps.

ouetamich = hors de temps. mal a propos

ouetana = sans destourbier.

ouiagatch = ka = nipitch.

c'est domage = qu'il est mort.

ouibetch = d'abort.

ouiechkat = tegochinan. nikichachamik.

des que = je suis arrivé = il m'a donné a manger

regit le subiunctif.

oumaïé = depuis peu.

oumaïé = dans peu de temps.

ountchi. particule causale regit le subiunctif

Kouekounen = ka ountchi = sasegan

pourquoy es tu si = = superbe

Tandibi = ountchi = irini.

de quelle nation est il. —

ouragouchik. le soir.

oussam = Kakiribouakasi =

tu n'as du tout point d'esprit.

oussamarich. cela est conclu, arresté.

oussamarich = ni = ouich = iia —

cela est fait je veux aller.

Pagouana. alaveugle.

~~Kapakou. et [illegible] sont deux bons mots sauvages mais je n'ay jamais bien peu sceu leur signification~~
~~[illegible] kapaching [illegible] voila qui [illegible]~~

Pakatch = nigasagas : ke = pisintouvan

ensemble = je petunerav = et j'ecouteray.

Pakekana. hors du chemin. et pakekanang.

pakikachich. et pakikach = pimouser = Kitou

= doucement bellement = marche = parle

Papa. marque de reduplication continuation

nipapa = Kitehoua : je le bats tousiours.

niouitchioua. je l'acompagne. dites —

ni = papa = ouitchioua = je l'acompagne tousiours.

parima = nigaKintous.

dans peu de temps = j'y arriveray.

parima = ouinch. dans bien peu de temps.

passagichtibikat = nuict close

paskouagounak = hors le chemin de neige.

Patoutch. pour lors. ce met tousiours apres un m —

ouabang = patoutch = et on ne dira pas —
demain = pour lors

patoutch = ouabang.

pechich = proche.

pekich. tout ensemble.

paiakouach. vel. pacouach. peut estre

paiaté = separement.

pich = endeca.

pichichik = sans rien porter v.g.

piki. c'est un autre = pikiouek. ce sont des autres

pikin = c'est une autre chose = pikinour =
ce sont d'autres choses

pikouasin = cela entre.
pikoutch = seulement.
pimagan = un peu a costé de l'autre bord.
piou = apiouek = sont assis ça et la.
pimitch = de travers.
pioutrini = gens = home de neant.
pioucrindagousi = il n'est pas estimable.
pioucrindagouat = chose de neant.
piouaté = il est delaissé = abandonné.
piouechigan = vieille nippe.
pipakana = hors le chemin.
eka = pipa^kana^ iiakan = ne va pas hors le chemin.
Pira = un peu = taga = pira = nigaouabantan
— sa = un peu = deuerray.
piransira. ce dit par indignation. v.g.
piransira = pousihin
embarque seulement par indigna^sion^
Pirisikat. sans paine = de soy mesme
pit: et pitchi = marque de prendre.
nipitchi kovej: de prans ma robbe.
pitchirak = tout maintenant.
pitchirak = kintousesilne fait q̃ de partir —
pitoutch = ichinagousi
d'unautre façon = il ressemble
pouk = une partie, la moitié =
Pouni. ce mot est une marque
— de cessation ce met en
composition. ni = pouni = arimitagous =
— je cesse de parler =
ni = pounison. je laisse cela —
ni = pouniha = je le laisse quitte.
Poutch = irssou = misser = iskouteng =
comme = ce = bois = dans le feu brusle =
mi = ket = irissouien = eka = tepouetamen.
c'est ainsi = que = tu brusleras = si tu ne = crois pas =
Apoutch = uel. poutch. de mesme q̃ X.
RAou = au milieu.
raou = até = cela est au milieu =
raouágam = au milieu du fleuue.
raouaking = au milieu de la terre.
raouiskouteng = au milieu du feu.
raouibi. uel. alitoubi = a moitié
rassaou = ninipaou = au milieu = je suis debout
reraou. uel. rerouk = nimirik.
— la moitié = il m'a donné.
rikan = apir. reste icy encore une nuit.

sagatch. souuant.
sakitiisé. cela sort.
sasik = soudainement.
sasik = niouabama.
pres d'icy = de le vois.
sissou. et assou = minikoueta
sauisse —— beuons =
sira = ira = irap. kechk.
signifient la mesme chose
Aoussour = irap. X.
chauffetoy = un peu.
souhon = pitcha = pipoun
— et long = l'hyuer =
sounga. uel. sounika = tepouetour.
— fortement = crois
sounkipoun: il neige beaucoup
sounkatin = la glace est forte.
TEtabiskoutch
tabiskoutch — } egalement
tetabiskoutch = kikichihi^nous a^ gounan
egalement = il nous ~~a~~ faits
TAga. cette particule est
fort en usage — v.g.
taga = nigaouabantan
sa baille: montre X, deuerray.
TAgaouatch. ils sont beaucoup.
tagaouatch = ouraganer =
il a beaucoup — de plats — —
Tagaouatch = ouamistigouchiouek
il a beaucoup = de françois.
puis q̃ je parle de françois on =
ne trouuera peut estre pas trop hors —
de propos que je dise icy l'etymologie —
du mot sauuage qui les appellent
mistik = ouch = qui veut dire
de bois = le canot = et maintenant —
ils veulent dire en parlant des
françois, la nation du canot de bois
L'occasion de cette denomination vient
de ce q̃ les sauuages qui descouurirent
les premiers, le premier nauire qui
alla en canada, ne sçachant point
quelle chose si surprenante ^c'estoit^ qu'un nauire

quils n'auoint iamais ueu flotter au milieu de leur grand fleuue qu'on appelle aujourd'huy de st Lauvans parceq' a tel iour les françois le descouvrirent) tous surpris d'admiration, se mettoint selon leur coustume la main sur la bouche sentre demandant ceq' c'estoit, ayant enfin descouvert que c'estoit un nauire; se mirent a crier MistiK = qui ueut dire du bois; et le mot = ouch = ueut dire un, Canot, qui est un de leurs petits Bateaux — mistiK = ouch = mistiK = ouch crioint ils deuant que d'auoir descouvert aucun homme, et enfin ayant ueu des hommes dans ce Canot de bois ils leur donnerent le nom de MistiK = ouch. qui est resté iusq' a aujourd'huy aux françois quils appellent maintenant La nation du canot de bois.

Apres ce petit mot Je vay finir nos particules dans peu de mots que j'ay bien voulu mettre au bout de ma grammaire pour ne donner pas la painne a ceux qui voudront lire ce liure de les aller chercher en divers lieux dans mon dictionaire, et dans mes racines ou elles seront en leur place parceme's par tout ces 2 liures.

~~enfin~~ auresté Je vous auertis q' Je veux encore placer a la fin de cette grammaire certains lieux Communs, Tres utiles ou vous trouverez quantité de Beaux Termes Sauuages pour parler de tous les maistiers, Commerce, et autres choses qui touchent les ~~Sauuages~~ barbares —

Tout cet ouurage de la grammaire sera attaché, ou plustost ne faira qu'un volume auec mon histoire naturelle; si vous avés la Curiosité de voir mon dictionaire, mes racines conforme de lexicon, et enfin mon catechisme ils seront diuisés en 3. tomes separés l'un de l'autre. #

Acheuons donc nos particules pour commencer nos lieux Communs.

Tagaouatch = ou e mistigouchiouek ils sont ou il y a beaucoup = de françois.

Tanintassou
taninentassou
tantassou. { Combien. en interrogi[ant]

tanin = entien
q' = faiste = diste

tanin = entik
que = fait il = dit il.

Tanin = ou est cela = montre.

Tanin = ouintch = kikamatch —
pourquoy = le tances, viens tu.

Tanin = echi naijousitch
que = resemble il. regit le subiunctif.

Taninitouk. qui des deux
Taninitouk. qu'en sçay Je. uel
Ouirasjkouir = ma —
Je n'en sçay veritablement rien.

Taninitouk = manichigouin
quoy des deux choses = me donne t il

itouk = na ! = pakouechigan !
est ce = ! du pain =
itouk = na = ouhias !
est ce = ! de la chair.

Tandaché = peripak !
par ou = cela est il percé !?
mindaché = peripak !
c'est par la = que cela est percé

Tantoua = uel = tantaoua = kistoiens
ou est — ton frere ain[é]

Tantassin = kikichminik !
Combien de fois = as tu beu !
mitassin ! dix foix.

Tantassouragatounen —
J. combien y a il de canots —
Kaiateghiv = qui sont là
R. ninchouragatour il y en a deux
J. Tantassoueiak en combien d'endroits
R. Nissoueiak en trois endroits
Tchikagamik uel tchikagam
pres du bord
Taouch mieux Taioutch veut dire
autrefois olim
ningoum maintenant est opposé
Tabachich = egouteg = pitour
qui est en bas = attaché pendu = aporte
Tabachich = te = kizis
Bas = est = le soleil
se couchera bientot
Pankichimou = kizis
est couché = le soleil
naranin = Tassou = pipounagat
cinq = il y a = hivers
Tatouchka = iouda = ouskatang
est crevé = de iudas = le ventre
Tchik proche
tchikagam pres le bord
Tchikatin pres la montagne
tchikagouk pres apres
teouch = agouinan
vieille = robbe

Tep. & Tepi & Tepira
Assés
il se met dans la composition ~ q.
Nitepavimitagous =
J'ay assés parlé. le present =
est pris icy pour le passé à la —
façon des poetes, ou des historiens
qui disent parfois par exemple
nous marchons par là pour dire
nous marchions par là. ainsi —
nos sauvages pour dire que la fois
J'ay assés parlé, ou je parlay assés
il disent je parle assés ——
nitepavimitagous pour dire
nikichtepavimitagous ——
J'ay assés parlé - - -
mi = na Tepi = ouisinin
as tu = assés = mangé
Tepirak = echamitch
quoy qu'peu = il me donne a manger
niga = mirouevindanaban
je m'en reviens y vois
Tetibiouitouta = entourons les
Assou = manitoucassouk
sa = courages faites le genie
Tetibiouitouta = nipouachinanak
entourons, enveloppons = nos ennemis de —
guerre

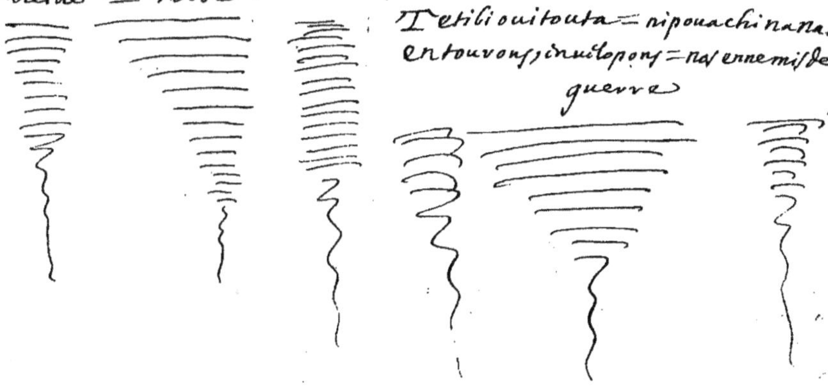

13

20.

Tibiskoutch. vis a vis.

Tibiskoutch = entaian.
vis a vis = demademurer.

Tipa. tout.

nigatipatoutan: Jedíscouvray =
Jedirvay tout.

Tipan. uel. Tetipan:
apart.

Tipan. uel. tetipan = apik
apart separément = assieds vous

Tit. marque quon entre entent
quelq chose - - - v.q.

Moua. Moua. kitoutit -
chut = paix. il parle. -

Moua = Moua = papiouitit
escoute = escoute. il vit =

Arimitagoüsi = tit. -
il entreparle lentens tu pas.

Tegatch. ius au bout.
tegatch arimitagousi. il dit tout.
iskouané = ilditout. - - -

Chaié nitiskouaou
voila qui est fait Je dits tout.

Toueiak. ou mieux dit goueiak
droit.

goueiak = iiar = nitira =
droit = ua = luy dis Je
(2 1 3)

~~goueiakousser~~
goueiakousser
va droit. uel = fais le chemin droit

eka = goueiakousseien = kigamer
si tu ne vas droit = tu bruleras

Touk.

Irinitouk. ô nous autres peut estre -
o hommes. - - - - - -

Touenouex = kaviboua kasik
Comme il font = ils nont point desprit
Tournés mieux
il nont point desprit. comme ils font

Zen. marque daffirmation
kisakimizen = tu mayme assurément

kitiberimizen = certainement tu me -
- - - - - - - gouvernes

kiribouakazen = veritablement tu
as delesprit.

Chaié = nikanisitik = [illegible] nitiskouaou
Sa est fait = mes freres = Jay acheué - - -

kikinohamatiouinek = keouich = kikinohamourag
le precepte
La grammaire = q Je nous ueux enseigner

fin Des particules et dela
grammaire

Advertissement

Jay mis partout autant q Jay peu la signification françoise
sous chaque mot sauvage. quand Jay esté trop contraints Jay marqué
avec des chiffres lordre quil faut tenir dans lexplication de
chaque mot. Je vay garder le mesme ordre dans la suitte
des lieux communs q Je vous presente icy ensuite.

Lieux commun

www.ingramcontent.com/pod-product-compliance
Lightning Source LLC
Chambersburg PA
CBHW051725090426
42738CB00010B/2096
* 9 7 8 2 0 1 2 6 6 5 1 6 3 *